Poulidor

par Raymond Poulidor

ISBN : 2-84724-069-1

Poulidor

par Raymond Poulidor

Éditions Jacob-Duvernet

Remerciements

Nombreux sont ceux qui ont été associés à ma carrière. Nombreux sont ceux qui, à un moment ou à un autre, m'ont aidé, conseillé, guidé, parfois même dissuadé de me lancer dans telle ou telle entreprise.

La fidélité aux hommes de ma carrière sportive a toujours été mon point fort.

Fidélité à Antonin Magne, qui du coureur novice que j'étais, a su faire de moi un coureur accompli.

Fidélité à Roger Piel, qui a su aménager ma carrière de façon à ce qu'elle dure le plus longtemps possible et dans les meilleures conditions, pour mon plus grand plaisir.

Fidélité à Louis Caput, qui, durant quatre ans, a su me concocter un programme digne de ma carrière et de ma longévité.

Fidélité à Bernard Gauthier qui, le premier, a su déceler en moi le futur coureur cycliste.

Fidélité à André Nardou, passionné parmi les passionnés, qui, dès mon jeune âge, a su expliquer à Antonin Magne les raisons pour lesquelles je devais courir au sein de la maison Mercier.

Je veux aussi dire ma reconnaissance à Jean-Paul Brouchon, un ami de longue date et un compagnon de route fidèle.

Qu'ils en soient tous ici publiquement et chaleureusement remerciés.

SOMMAIRE

ANNEXES

Rédigées par Jean-Paul Brouchon

PRÉFACE

C'est pour moi un honneur de préfacer cet ouvrage dans lequel Raymond Poulidor se raconte. Raymond Poulidor, c'est pour les professionnels, les amateurs, les passionnés et le grand public, le champion cycliste le plus populaire du sport français. Cette popularité m'a toujours étonné mais, à la réflexion, elle semble normale, naturelle. Raymond Poulidor s'est toujours montré très proche de son public. Je ne l'ai jamais vu ni refuser de signer un autographe, ni dédaigner de poser pour une photographie, entouré de supporters ou d'enfants.

Cette popularité, cette « poupoularité », Raymond a su la gagner dans mon pays, à une époque où les champions cyclistes étaient pourtant nombreux. Il y avait De Vlaeminck, Godefroot, Verbeck, Van Looy, alors en fin de carrière, et moi. Trouver sa place parmi ces coureurs, en étant français, fut l'un des tours de force de Raymond. D'ailleurs, notre pays a su le récompenser à sa juste valeur en lui décernant la médaille du roi Léopold, distinction fort recherchée en Belgique.

La longévité de Raymond Poulidor dans le monde du cyclisme est un exemple pour beaucoup. On a raconté que ses parents, des paysans, des gens de la terre, lui avaient transmis la capacité de résister aussi bien au froid qu'à la canicule. Dès sa petite enfance, ils l'ont habitué à travailler avec autant de perfection que de minutie, même – pour ne pas dire surtout – dans des conditions difficiles. Certes, tout cela est vrai, mais Raymond Poulidor a su ajouter sa touche personnelle à l'enseignement que ses parents lui ont donné. Lorsque, à l'issue de vingt-sept mois d'armée, dont treize dans un pays en guerre, il est passé professionnel, il a soumis son corps aux exigences draconiennes de la diététique. C'est un sacrifice dur à consentir et plus encore à supporter, à moins de faire preuve envers soi-même de la plus grande sévérité.

À mon avis, Raymond aurait dû remporter le Tour de France au moins une fois, si ce n'est deux. Il aurait dû porter pendant plusieurs jours le maillot jaune. Peut-être n'aimait-il pas supporter le poids de la course. Peut-être lui a-t-il manqué, à un moment ou à un autre, le soutien, les encouragements et les efforts conjugués d'équipiers de grande valeur. Mais les maisons qui l'ont employé n'ont jamais fourni les moyens de subvenir aux besoins d'une équipe professionnelle de haut niveau.

Raymond Poulidor a toujours été un adversaire loyal. Je ne l'ai jamais vu, en course, avoir une attitude contraire à l'éthique de notre sport. Je n'ai pas oublié ses paroles, empreintes d'une vraie chaleur, lorsqu'il m'a battu à deux reprises dans Paris-Nice. Bien sûr, il m'a donné du fil à retordre dans le Tour de France, surtout lorsque mon rendement en haute montagne a commencé à s'amenuiser.

Mais lui aussi, l'âge venant, escaladait moins bien les très grands cols qu'il ne le faisait à ses débuts.

Je suis fier de l'amitié que me porte Raymond. Elle est réciproque. Nous avons, l'un et l'autre, quitté la carrière cycliste, mais cela ne nous empêche pas de faire coïncider le calendrier de nos activités pour le simple plaisir de nous retrouver.

Raymond se montre alors un remarquable conteur d'histoires, qui n'ont d'ailleurs pas toutes trait au cyclisme, et un redoutable professeur de poker et de belote.

Je souhaite au lecteur de prendre autant de plaisir à découvrir, avec ce livre, la vie de Raymond Poulidor que j'en ai pris moi-même.

Eddy Merckx

INTRODUCTION

Je ne suis pas un écrivain. Je suis un cycliste. Pourtant, le temps est venu pour moi de livrer quelques-uns des secrets qui ont fait ma vie de coureur, et en particulier cette rivalité avec Jacques Anquetil qui s'est transformée en une véritable amitié.

Je suis un homme pudique. Je n'ai jamais étalé ma vie privée. Les seules « unes » des journaux qui me furent consacrées l'ont été à la suite de mes succès.

Depuis bien longtemps, je ne me suis pas exprimé sur ce qu'a été ma carrière, ma rencontre avec les plus grands coureurs qui à un moment précis ont été mes adversaires. Rik Van Looy, Jacques Anquetil, alors au zénith, Eddy Merckx, si doué, si exceptionnel et Bernard Hinault qui, dès son entrée dans le peloton des professionnels, a commencé à se construire un enviable palmarès.

Cet ouvrage, c'est en quelque sorte un hymne à ma joie. Car si j'ai souffert parfois dans ma chair lors de mes chutes dans le Tour de France par exemple, j'ai aussi souffert dans mon amour-propre d'être trop souvent battu, à la suite d'une erreur due à l'inexpérience, de quelques centièmes de seconde glissant du mauvais côté du chronomètre, de concours de circonstances qui ont donné l'avantage à mon rival. Malgré cela, j'ai eu une vie sportive exceptionnelle.

Modeste paysan creusois, je suis devenu un personnage du sport national. Au plus fort de ma notoriété, un sondage m'accordait 65 % d'opinions favorables. Ce même sondage indiquait que 80 % des Français me connaissaient et savaient que j'étais coureur cycliste. Je donne ces chiffres sans orgueil, car j'ai écrit cet ouvrage avec la volonté de mêler à mon propos simplicité et honnêteté.

Cette vie hors du commun, je la dois à mes efforts, à la ligne de conduite que j'ai su m'imposer sans jamais y déroger, et à un public particulièrement affectueux, tendre, amical, bienveillant à mon égard, avec qui j'ai tout partagé de ma carrière. J'ai touché tous les publics. Les moins jeunes comme les plus jeunes. J'ai connu les plus grands artistes, les plus grands écrivains, des ministres se sont presque battus pour me décerner la Légion d'honneur. Dernièrement c'est le Président de la République lui-même, Jacques Chirac, qui m'a élevé à la dignité d'officier de la Légion d'honneur.

Je n'ai jamais oublié, je n'oublierai jamais la participation que le public a prise à ma carrière.

Je me devais de me livrer par l'écriture à tous ceux, le plus grand nombre, qui ont toujours été de fidèles accompagnateurs de ma vie professionnelle et contribuent encore à faire de moi un homme à part.

Chapitre I

NAISSANCE D'UNE PASSION

Je suis né le 15 avril 1936, à deux heures du matin, à Masbaraud-Mérignat, petite commune agricole de la Creuse. C'est un mercredi, trois jours tout juste après la victoire de Georges Speicher dans le Paris-Roubaix.

Je pousse mon premier cri dans la chambre de mes parents. Ils sont métayers au domaine des Gouttes, travaillant dur à la ferme pour les propriétaires. Martial et Maria, mes parents, ont toujours été métayers, déménageant quatre fois en vingt ans au gré des propriétaires. Mais toujours ils sont restés dans la même province, le Limousin, berceau de la famille Poulidor. La légende veut que son origine remonte à un ancêtre italien dont le nom, à la suite d'une erreur commise par un employé aux écritures publiques, a été transformé de Poulidori en Polidori, avant de devenir Poulidor.

C'est une sage-femme des environs qui assiste à l'accouchement et aide ma mère. Je suis le cinquième enfant de la famille, un cinquième garçon. Le premier, malheureusement, est mort d'une maladie infantile peu après sa naissance. Mon frère René a déjà huit ans au moment de ma naissance, André, quatre, et Henri vient de fêter son deuxième anniversaire.

Mon enfance se déroule paisiblement, dans une atmosphère calme et heureuse au domaine de La Mazière, où nous nous étions établis après avoir quitté Les Gouttes. Notre temps se partage entre l'école de Sauviat-sur-Vige, à quatre kilomètres de là, où je me rends assis sur un traîneau fabriqué avec mes frères : s'il roule relativement vite, il produit en revanche un bruit assourdissant. Je participe volontiers aux travaux ménagers et je ne suis jamais le dernier à me proposer pour aller faire les courses à la ville, sur le vélo de ma mère. C'est ainsi que je découvre que les routes creusoises, loin d'être uniformément plates, alternent sévères montées et folles descentes : efforts et plaisirs sont déjà au programme. D'ailleurs, avant moi, Fausto Coppi n'a-t-il pas connu, lui aussi, ses premières expériences vélocipédiques en livrant, sur une vieille bicyclette, les commandes de l'épicier-charcutier qui l'emploie le soir, une fois l'école terminée ?

Chez nous, l'argent est rare, mais l'on est heureux. Le soir, on se réunit autour de la cheminée, le « cantou ». Mon père tresse l'osier et l'on raconte en patois des histoires de farfadets, de loups-garous ou de « dalus », cet animal mystérieux qui vit au bord de l'étang des Grenouilles.

À la maison, on ne fête pas vraiment Noël. Ce jour-là, ma mère confectionne avec amour une bûche que nous dévorons avec bonheur, après avoir englouti une double ration de « caillade », le fromage fabriqué par mon père.

Mes parents étant une fois de plus contraints de déménager et de changer de ferme, c'est au domaine de la Grange Rouge, à Champnétery, que je passe mon adolescence. Je vais alors à l'école au village d'Auriat, où l'instituteur, Monsieur Vialeville, se révèle être aussi bon pédagogue que passionné de sport. Il est d'ailleurs abonné à *Miroir-Sprint*, un célèbre hebdomadaire de l'époque consacré au sport. Il me laisse compulser les numéros qu'il conserve pieusement. À ma grande joie, car je voue alors une admiration sans bornes au boxeur Marcel Cerdan.

Mon adolescence est aussi heureuse que mon enfance. Comme avant, je me partage entre l'école, les travaux ménagers et ceux de la ferme. En classe, je suis bon élève. Dans les champs, je laboure avec deux vaches attelées à la charrue, je bine, je fane, j'arrache les pommes de terre, j'abats les arbres pour le bois qui servira au chauffage de l'hiver. Au printemps, je confectionne des pièges pour attraper les merles et leur apprendre à chanter, je capture des écureuils que j'échange contre quelques piécettes, pour gagner ainsi un peu d'argent de poche.

Lorsque la Seconde Guerre mondiale éclate, ni mon père, trop âgé, ni mon frère aîné, encore trop jeune, ne sont mobilisés. La vie continue donc à la Grange Rouge sans que nous ne manquions de rien. Nous n'ignorons pas pourtant que le ravitaillement est alors, pour beaucoup en France, un problème quotidien de survie. Mes parents aident, avec les moyens dont ils disposent, les hommes du maquis : ils prêtent des chariots, des animaux et donnent bien souvent un panier d'osier rempli de victuailles. Lorsque survient la Libération, un vent de liberté souffle sur les petits et les grands. Ainsi je me souviens avoir joué avec les autres enfants du village –et je n'étais pas en reste– dans un dépôt d'armes récemment parachutées, jusqu'au moment où les gendarmes sont venus récupérer grenades, fusils, balles et autres objets pour le moins dangereux.

Comme tous les enfants de mon âge, je passe mon certificat d'études. Mes résultats sont bons : je suis deuxième du canton, avec un total de 86 points sur 100. Pourtant, au lendemain du jour où j'apprends ce succès, c'est la déception. Je pleure toutes les larmes de mon corps : fort de ce diplôme, je veux continuer à faire des études, mais mes parents n'ont pas les moyens de les payer. Comme mon père et mes frères, il me faut donc devenir paysan. Pour me consoler, Monsieur Vialeville m'offre, le temps du Tour de France, un abonnement à *Miroir-Sprint*. C'est cet été-là que je découvre Louison Bobet, Raphaël Geminiani. Une image, en particulier, me frappe et je l'ai toujours, depuis, conservée en mémoire : la photo de Bobet, seul dans le majestueux décor de la Casse Déserte de l'Izoard.

La vie se poursuit donc au domaine, sans surprise, rythmée par le travail de la ferme et des champs. Pour gagner quelque argent, je fais le coiffeur dans les fermes des alentours et je coupe les cheveux des hommes et des enfants. Le dimanche, j'accompagne mes frères André et Henri qui participent à de petites courses cyclistes régionales et, tous les soirs, sur le vélo de ma mère, je tiens tête aux meilleurs coureurs du canton.

Les premières courses

J'ai seize ans lorsque, en 1952, un marchand de cycles de Sauviat-sur-Vige, Monsieur Marquet, me fait cadeau d'une bicyclette demi-course. C'est un Alcyon, de couleur bleue. Chaque jour, à peine ma journée terminée, je roule pendant environ deux heures. J'avale les côtes avec une certaine aisance, mais je reste extrêmement prudent dans les descentes. De plus, je dois me cacher de ma mère, qui veut à tout prix éviter que son dernier fils devienne un passionné de cyclisme, sport qu'elle considère comme particulièrement dangereux. N'a-t-elle pas trop souvent, le lundi matin, retrouvé les draps de ses enfants tachés de sang, témoignages cuisants d'une chute faite le dimanche lors d'une course ? À l'époque, en effet, les épreuves de village se déroulaient sur des routes non goudronnées. Le moindre nid-de-poule, le moindre virage sur une surface sablonneuse étaient autant d'occasions de se retrouver à terre, le coude arraché, la jambe sanguinolente. Et les garçons, rentrés à la ferme à la nuit tombée, s'écroulent dans leur lit, ivres de fatigue, sans même passer par l'armoire à pharmacie de la salle de bain pour nettoyer leurs blessures.

C'est dans cette même année 1952 que je dispute ma première course, à Saint-Moreil. Je termine à la sixième place, ayant été battu au sprint – c'est mon premier sprint ! Mon frère Henri est le vainqueur.

En mars 1953, c'est le Grand Prix de Quasimodo à Saint-Léonard-de-Noblat. Je suis sur la ligne de départ. La course se passe bien pour moi, au point que je la remporte avec plus d'une minute d'avance sur les autres concurrents. C'est ma première victoire !

Dès lors, je m'inscris dans d'autres épreuves. L'inconvénient est que je dois m'y rendre à vélo et retourner chez moi après l'épreuve par le même moyen. Les journées sont longues : 150, parfois même 180 kilomètres. De temps à autre, Monsieur Marquet me conduit sur les courses avec sa moto. Je m'installe sur le tan-sad, le vélo sur l'épaule et il me ramène à la ferme dans les mêmes conditions... plutôt inconfortables !

En 1956 survient le grand virage de ma vie, celui qui va déterminer la suite de mon existence. À la ferme, la vie continue, toujours aussi paisible et calme, rythmée par les saisons. Pourtant, cette année-là, les propriétaires de la Grange Rouge mettent le domaine en vente et proposent 500 000 francs à mes parents pour quitter la ferme. Je me souviens que c'est moi qui suis chargé d'aller toucher le mandat à la poste. La famille s'installe alors au domaine de Vaux, à quelques kilomètres seulement. Là-bas, la terre est beaucoup plus riche. Dans l'étable, il y a des chevaux et, dans la grange, des machines agricoles modernes. Deux ou trois personnes suffisent à faire tourner la ferme. Je parviens à obtenir l'accord de mon père pour passer désormais moins de temps dans les champs et davantage sur mon vélo.

Je fais dès lors très vite des progrès notables et mes résultats commencent à devenir vraiment encourageants. Pour le public local, je suis « La Pouliche », le paysan de la ferme de Champnétery, toujours souriant et affable avec des spectateurs qui, au fond, ne sont autres que ses voisins.

Le Bol d'Or des Monédières

Le 2 août 1956 se dispute le Bol d'Or des Monédières. Je suis sélectionné en tant que meilleur coureur régional. Le Bol d'Or des Monédières, à Chaumeil, en Haute-Corrèze, c'est, une fois l'an, la grande fête du vélo. L'organisateur, Jean Ségurel, est un accordéoniste que ses « Bruyères corréziennes » ont rendu célèbre. Et il aime autant le cyclisme que sa région. Tous les ans, il convie donc les coureurs qui viennent de s'illustrer dans le Tour de France à participer à cette épreuve. Pour lui, la course est une affaire sérieuse. Le parcours est difficile. Il serpente au milieu des châtaigneraies et des pâtures, avant de venir buter sur la redoutable escalade du col de Lestards. Les côtes et les descentes sont rudes. Ségurel couvre les coureurs de mille attentions, il les choie, fait tout ce qu'il peut pour les contenter, heureux que ses héros aient accepté son invitation. Pour le public, tout est gratuit. Du département entier, et même de Limoges, de Brive et d'Ussel, on se presse sur les routes du circuit. Le soir, on partage le bœuf tout juste grillé sur un barbecue géant, tandis que les coureurs ouvrent le bal avec de jolies cavalières de la région.

Sur la ligne de départ, cette année-là, il y a Louison Bobet, Raphaël Geminiani et Gérard Saint. Je suis là aussi, regardant d'un air émerveillé tous ceux dont j'admire les efforts dans les magazines, et me sens impressionné de me retrouver à côté d'eux. À mi-parcours, dans le col de Lestards, Louison Bobet porte une offensive. Je suis le seul à répliquer, et me rappelle alors des applaudissements de la foule. Les acclamations redoublent lorsque je distance Bobet dans cette escalade. Au tour suivant, toujours dans ce col, c'est à mon tour d'attaquer. Finalement, c'est Geminiani qui remporte l'épreuve. Je suis sixième.

Dans la salle de presse, alors que les journalistes commentent ma prestation, surgit Louison Bobet, à peine descendu de vélo. L'air contrarié, il laisse tomber un laconique : « Qui est ce coureur plus applaudi que moi et que le public appelle La Pouliche ? »

Quelques jours plus tard, à Peyrat-le-Château, je me classe à la deuxième place de l'épreuve et empoche 120 000 francs. Une fortune ! Jamais je n'ai imaginé recevoir autant d'argent. C'est plus que le salaire annuel de mes parents. L'équivalent d'une 4 CV d'occasion, de trois vélos de course ! Ma décision est vite prise. Pourquoi ne pas tenter ma chance et m'engager dans la carrière du cyclisme pour gagner ma vie, puisque je rivalise avec les meilleurs coureurs qui se consacrent exclusivement à la compétition ?

Mais j'ai vingt ans. L'âge du service militaire. Je dois partir, et repousser mon rêve, au moment même où je pourrais commencer une carrière que, dans la fougue de ma jeunesse, j'imagine déjà triomphale. Hasard prémonitoire ? Juste avant de rejoindre l'armée, je participe à une dernière épreuve que je remporte avec huit minutes d'avance sur le professionnel Marcel Guitard.

Intermède militaire

Malheureusement pour moi, il n'est pas question de me faire affecter au célèbre bataillon de Joinville*. Je suis envoyé en Allemagne, à Coblence. Mon voyage outre-Rhin marque mon baptême du train. Je passe l'essentiel de ces quatorze premiers mois d'armée à exercer mes talents de coiffeur. J'en profite cependant pour passer mon permis de conduire poids lourd. Mais mon service ne s'arrête pas là : un an et deux mois après mon arrivée en Allemagne, j'effectue mon premier voyage en bateau. Le 7 janvier 1958, j'embarque à Marseille sur l'*Athos III*, en direction de la région de Bône, en Algérie. Je suis affecté au transport de la Légion. À bord d'un camion GMC, je transporte les légionnaires sur le théâtre des opérations. Le soir, je les reconduis au campement. Parfois, un soldat est porté manquant…

Le 5 décembre 1958, après 28 mois d'armée, je suis enfin libéré de mes obligations. Dès le 14, redevenu civil, je suis dans le Limousin. Le 15, en me pesant, je dois bien constater que malgré tous mes efforts pour éviter de boire de la bière, j'ai pris quinze kilos ! Le régime de l'armée et, surtout, le manque d'entraînement ne m'ont pas réussi. Immédiatement, je ressors mon vélo, le révise et le remets en état de marche. Puis je recommence à rouler. À m'entraîner. À peine une centaine de kilomètres au début, tant la reprise est difficile. Tout l'hiver, qu'il neige, qu'il vente, qu'il pleuve, je roule jusqu'à retrouver ma silhouette de coureur cycliste.

Au printemps 1959, quelques mois seulement après

---

* Créé par le ministère de la Défense nationale dans le cadre du Centre sportif des Armées, le bataillon de Joinville répondait à la nécessité d'offrir aux athlètes appelés sous les drapeaux des conditions d'entraînement de qualité. La proximité de l'Institut national des sports offre la possibilité aux athlètes casernés de s'entraîner quotidiennement dans les meilleures conditions matérielles et de contact avec l'élite sportive. Tout en restant sous l'autorité militaire, ils sont pris en charge par les entraîneurs nationaux pendant la durée des entraînements.

mon retour, je remporte la première course à laquelle je participe depuis près de trois ans, avec huit minutes d'avance sur le professionnel Roger Buchonnet. Les résultats continuent d'être encourageants, comme à la course des Monédières, remportée par Gérard Saint, dans laquelle je me classe cinquième.

C'est à ce moment que ma vie prend un deuxième tournant, celui qui va faire de moi un coureur cycliste professionnel.

Chapitre II

BERNARD GAUTHIER

En ce dimanche après-midi de cette mi-août 1959, le soleil darde ses plus beaux rayons sur le petit village de Peyrat-le-Château, dans la Haute-Vienne. C'est le Grand Prix cycliste. La foule se presse sur le circuit. Le plateau est bien composé : on note en particulier la présence des professionnels Jean Dotto et Bernard Gauthier.

Le premier, ex-vainqueur du Tour d'Espagne, vient de terminer à la quinzième place du Tour de France. Quant à Gauthier, ex-maillot jaune du Tour, il a déjà gagné à quatre reprises Bordeaux-Paris. C'est un homme d'une trempe exceptionnelle. Son courage et son sens de l'abnégation sont légendaires. On raconte ainsi qu'à 19 ans, pris dans une rafle ordonnée par les Allemands, il a été emprisonné à Compiègne, puis jeté dans un train à destination d'un camp d'extermination. À peine a-t-il atterri dans le wagon à bestiaux, qu'il démonte la lucarne et, à la faveur de la nuit, parvient à s'évader. Hébergé durant deux jours par un prêtre de Longwy, il réapparaît à

Grenoble, sa ville natale, quatre jours plus tard et retourne à son poste de tourneur dans une usine locale, sans même prendre la peine de changer d'identité.

J'ai pris place, moi aussi, sur la ligne de départ de Peyrat-le-Château. Dès le départ de la course, je ne sens pas les pédales. J'ai la sensation d'être partout avec les meilleurs lors de l'ascension de la côte des Douches, qu'il faut escalader cinquante fois. Au cours de l'épreuve, je double à quatre reprises Bernard Gauthier. Je termine deuxième, derrière Dotto. Mais Gauthier est subjugué par ma prestation. Dans les vestiaires, nous engageons la conversation. Gauthier m'exhorte chaleureusement à passer professionnel. Il s'engage même à écrire, le soir même, à son directeur sportif, Antonin Magne, pour lui annoncer qu'il vient de « dénicher l'oiseau rare », selon sa propre expression.

Depuis quelques semaines déjà, je commence à ressentir l'envie d'évoluer au plus haut niveau. Et, dans mon for intérieur, je suis convaincu que cela ne peut se faire qu'aux côtés d'Antonin Magne. Sans le connaître directement, j'apprécie sa façon de conseiller ses coureurs. Dans toutes les courses cyclistes, on parle beaucoup de lui et il jouit auprès de chaque coureur d'un prestige considérable. La proposition de Bernard Gauthier me comble de bonheur.

Quelques jours plus tard, Antonin Magne reçoit donc une lettre dithyrambique au sujet d'un jeune coureur limousin du nom de Poulidor. Bernard Gauthier est le premier qui a su croire en moi et qui, surtout, a eu l'idée lumineuse de me recommander à Antonin Magne !

Chapitre III

ANTONIN MAGNE
La gloire n'est jamais où la vertu n'est pas

Au tournant des années 60, Antonin Magne passe pour être le personnage le plus intransigeant du cyclisme. Depuis la Libération, il est le directeur sportif de la formation Mercier. Partout où il va, il est coiffé de son incontournable béret basque et revêtu d'une blouse blanche, pour que ses coureurs, dit-il, le reconnaissent de loin.

Au cours de sa carrière de coureur cycliste, il a longtemps été l'une des gloires du sport national. On appréciait sa bravoure, son courage et la qualité de ses prestations. Champion du monde et vainqueur à deux reprises du Tour de France sous les couleurs de l'équipe nationale, il est de ceux qui, avec ses compères Georges Speicher, André Leducq, Charles Pélissier, Maurice Archambaud et Roger Lapébie ont, de la fin des années 20 au début de la Seconde Guerre mondiale, popularisé le cyclisme au point d'en faire le sport le plus apprécié des Français.

Antonin Magne est né en 1904 dans la demeure de ses grands-parents, au lieu-dit Le Bex, près de la commune d'Ytrac, dans le Cantal. Il a quatre ans lorsque ses parents s'établissent à Livry-Gargan, dans la banlieue parisienne, dans une ferme qui avait jadis appartenu à la marquise de Sévigné. Tout comme moi, il partage son enfance et son adolescence entre l'école et les travaux de la ferme. Le soir venu, à bicyclette, il livre le lait aux habitants de la petite ville. Antonin Magne a hérité de cette ferme et l'a conservée jusqu'au moment où, à la fin des années 50, le rythme infernal de la construction a chassé les agriculteurs de la région parisienne.

Grand champion cycliste au palmarès remarquable et au panache hors pair, Magne sait entretenir des rapports fusionnels avec le public de passionnés qui est le sien. En témoignent ses adieux au Tour de France, en 1938 : Magne et son grand ami André Leducq avaient attaqué dans la dernière étape et avaient franchi bras dessus, bras dessous, la ligne d'arrivée du Parc des Princes, devant une foule ivre de bonheur. Conquis par la beauté du geste, les commissaires, passant outre le règlement, les avaient classés ex æquo.

À la fin des années 1940, Antonin Magne est donc devenu directeur sportif de l'équipe Mercier, le constructeur de vélos qui l'équipe déjà lors de ses deux dernières années chez les professionnels et qui a même créé une filiale « Antonin Magne ». En 1959, Magne est déjà le directeur sportif des plus grands coureurs : Rik Van Steenbergen, Louison Bobet, Fred De Bruyne, Roger Lapébie. La droiture de sa conduite provoque une admiration unanime. Lorsqu'il écrit à ses coureurs, c'est toujours sur un papier à lettres portant la devise – « sa » devise ! – : « La gloire n'est jamais où la vertu n'est pas. » C'est un homme respecté qui n'a jamais tutoyé un coureur. Pour les plus jeunes de son équipe, il est « Monsieur Magne » et pour les plus anciens « Monsieur Tonin ». Quand, en décembre 1981, à l'initiative de René Fournier et d'Eugène Letendre, deux de ses anciens coureurs, se rassemblent près de Chantilly tous ceux qui ont couru sous ses ordres, ils sont plus d'une centaine à fêter « Monsieur Magne ». Ce qui fait dire à Louis Caput, qui a lui aussi couru sous sa direction : « Si on place bout à bout le palmarès de tous les coureurs présents, on couvre, et sans doute plusieurs fois, tout le calendrier cycliste. » De son côté, Jacques Goddet lui offre quinze coffrets. Ils contiennent 350 000 témoignages de sympathie des lecteurs du quotidien de sport *L'Équipe*.

Une rencontre mémorable

Durant l'été 1959, Antonin Magne passe ses vacances à Arcachon. Rencontrant chez le marchand de journaux l'un de ses voisins, André Nardou, un policier féru de cyclisme, il engage la conversation. Nardou lui raconte avoir vu aux Monédières un jeune coureur étonnant, totalement inconnu, dont les gazettes locales disent le plus grand bien. Son nom : Raymond Poulidor. Quelques jours plus tard, Magne reçoit la lettre de Bernard Gauthier.

Antonin Magne a besoin de forces fraîches pour sa formation, car la longueur du service militaire – deux ans et demi ! – handicape sérieusement le recrutement. Louison Bobet s'apprête à voler de ses propres ailes vers d'autres cieux. Quant à Maurice Diot et Bernard Gauthier, ils voient approcher la fin de leur carrière.

Au cours de ce même été, Gauthier et moi participons au Critérium d'Arcachon. Curieux de rencontrer le jeune espoir du cyclisme dont il a entendu tant de bien, Antonin Magne nous invite tous deux à venir boire « une coupe de champagne » après la course. Il nous reçoit avec chaleur, mais en fait de champagne, il commence par nous offrir… un verre d'eau. « Vous venez de faire un effort, nous explique-t-il. Il faut toujours boire de l'eau après un effort. » Le champagne ne sera servi que plus tard.

Rendez-vous est pris pour le début du mois de septembre dans le bureau parisien d'Antonin Magne, à l'occasion du Grand Prix de Boulogne auquel je dois participer. C'est Robert Lelangue, futur directeur sportif d'Eddy Merckx et actuel directeur général des établissements Merckx, qui remporte l'épreuve. Personnage étonnant qui, durant ses congés, pilote aussi la voiture de Jean-Marie Leblanc, directeur du Tour de France. Le cyclisme est vraiment une très grande famille !

La discussion dure plus d'une heure. Elle est âpre, rugueuse, intense, vigoureuse. Le directeur sportif me propose 25 000 francs par mois. J'en veux 30 000. J'ai fait mes comptes et c'est à peu près ce que je peux espérer dans la catégorie des indépendants tout en demeurant dans les départements limitrophes du mien. Antonin Magne, je le sais, n'a pas l'habitude de dépenser plus qu'il ne peut. Son sens de l'économie est légendaire et il l'apprend aux autres. C'est lui qui, en 1934, à trente ans, alors qu'il effectue, après sa victoire dans le Tour de France, la traditionnelle tournée des critériums, enseigne à René Vietto, de dix ans son cadet, l'art de ne pas dilapider le montant de leurs contrats.

La discussion se poursuit. Antonin Magne me laisse exposer mon point de vue, et me persuade d'accepter les 25 000 francs par mois. Pour ma part, je me souhaite que ce sacrifice soit profitable. J'exige en contrepartie que le matériel (cuissards, maillots, boyaux, survêtements) soit pris en charge par l'employeur. Magne tousse. Son budget n'est pas extensible et même Jean Dacquay, le champion de France, ne bénéficie pas d'un tel avantage. Il finit par céder. Avant de signer le contrat, il me tend la main, geste que j'apprécie tout particulièrement. C'est celui d'un homme aux origines paysannes comme moi. À la campagne, quand on est d'accord, on se serre la main. Pour nous, cette franche poignée de main vaut beaucoup plus qu'une signature au bas d'un papier à en-tête.

Je n'ai jamais oublié cette entrevue. Antonin Magne non plus. Quelques années plus tard, il la raconte ainsi au journaliste François Terbeen qui rédige son livre *Poulidor et moi* : « Il m'est arrivé de recevoir un grand nombre de coureurs, sans me trouver impressionné. Cette fois, je ressentis un choc bizarre. Le personnage accrochait. Ce jeune homme d'allure sportive et rude, modestement vêtu d'un costume sombre sur un pull-over grenat, respirait la santé et la droiture. Un sourire intimidé creusait des fossettes sur son visage où je lus beaucoup de loyauté, beaucoup de fermeté aussi. Ce garçon bien planté, à la chevelure très brune, apportait avec lui le souffle épais du vent de sa campagne et l'odeur des coteaux aux bois épais... Tandis qu'il me racontait ce qu'était sa jeune existence, je me disais que ce garçon, solide comme un chêne, était né pour vivre dans le calme des forêts ; mais, déjà, le démon de la compétition s'emparait de lui... Au fur et à mesure que la discussion s'avançait, il sentait, lui aussi, que nous étions de la même base sociale, et que j'appartenais avec lui à cette souche paysanne pour laquelle un sou est un sou, mais qui a le respect de la parole donnée. Il savait désormais que jeter l'argent par les fenêtres n'était pas mon genre, mais il finit par dire qu'il était d'accord, et que je pouvais établir le contrat. »

Je n'ai rien à ajouter à ces lignes. Elles reflètent parfaitement la réalité. Antonin Magne est bien un homme qui sait respecter les coureurs. Même ceux qui, comme moi, ont encore beaucoup à apprendre et à prouver.

Le lendemain, je participe au Grand Prix de *L'Équipe*, qui se déroule dans la vallée de Chevreuse. Plus de 200 coureurs sont sur la ligne de départ. Jamais encore je n'ai disputé une telle épreuve. Le vent nous oblige à former des bordures*, tactique qui m'est totalement inconnue. Chez nous, par vent contraire, on se débrouille comme on peut et le nombre de coureurs n'est jamais suffisant pour constituer des bordures. Mon inexpérience est totale. Dans les nombreuses côtes de la vallée de Chevreuse, je ne me décourage pas, bien au contraire, et, sur les plateaux ou dans les passages en plaine, je rattrape le retard accumulé. À un certain point de l'épreuve, je suis même pointé à sept minutes de la tête de la course.

---

* On appelle bordure le fait que les coureurs occupent toute la largeur de la route afin de se protéger du vent latéral.

Personne ne me connaît. Quelques coureurs toutefois, dont Jean-Pierre Genet qui deviendra plus tard mon équipier chez Mercier, notent mon numéro de dossard. À l'arrivée, ils se précipitent sur la liste des engagés pour savoir qui est ce nouveau concurrent : un certain Raymond Poulidor…

Chapitre IV

PROFESSIONNEL

Après cet intermède parisien, je rentre chez moi, nanti d'un contrat professionnel en bonne et due forme. J'ai surtout en tête le plan d'entraînement qui, sur neuf semaines, doit me permettre d'aborder dans les meilleures conditions ma première année dans la catégorie des professionnels.

Le programme concocté par Antonin Magne est strict, à l'image du directeur sportif, et il comporte deux volets : l'entraînement physique et la diététique alimentaire y occupent la place d'honneur. Basé sur neuf semaines il a pour objectif de me préparer à Paris-Nice, la première grande épreuve de la saison 1960. Un seul jour de repos par semaine est prévu, et le dimanche est consacré à un cyclo-cross ou à une épreuve de courte durée. Le reste du temps, l'entraînement est progressif: les sorties s'étendent sur des distances variant de 90 à 140 kilomètres puis, à partir de la septième semaine, de 130 à 220 kilomètres. Le régime alimentaire est tout aussi strict : des crudités macérées quelques heures dans du jus de citron, des légumes cuits à la vapeur et l'obligation de terminer le repas par un fruit. Ni charcuterie, ni viande rouge – sauf le mardi –, ni fromages fermentés, ni conserves ne sont autorisés. Un tiers de verre de vin par repas est permis, à condition d'être dilué dans deux fois son volume d'eau.

Je suis ce programme à la lettre. J'ai même un tel désir de réussir dans la carrière que j'ai choisie que j'en rajoute : tous les jours, par exemple, j'allonge les distances d'entraînement de quinze à vingt kilomètres. Au regard des 200 kilomètres prévus, cela peut sembler une broutille. Mais dans le froid, sous le grésil, prolonger la séance d'entraînement demande un certain courage.

Paris-Nice

Voici enfin Paris-Nice. Ce 2 mars 1960, sur la ligne de départ à Antony, dans la banlieue parisienne, le froid est pénétrant. La plupart des coureurs se sont emmitouflés dans d'épais lainages et se gaussent de cet inconnu au dossard apparent. Il est vrai que je n'ai sur moi que le strict minimum pour lutter contre le froid. Pourtant, il n'y a pas si longtemps, je déterrais sans rechigner les topinambours par -10° C. Le froid ne m'effraye pas et de toute façon, il faut beaucoup plus que quelques moqueries pour me désarçonner.

Le départ est donné. À la première côte, comme d'habitude, j'attaque. Le peloton s'étire et revient sur moi. À chaque dénivellation, je recommence, mais les équipes des rapides-routiers sprinters sont trop bien organisées. Leur stratégie démonte toutes mes tentatives pour les devancer. Je termine l'étape au sein du peloton sans avoir fourni d'effort extraordinaire de toute la journée. Le soir, Antonin Magne me demande de tirer profit de mon anonymat pour tenter d'enlever la première place du classement de la montagne. Inutile de me préoccuper du classement général.

À l'arrivée, à Nice, il affiche une mine joyeuse.

- Raymond, me dit-il, vous avez fait un bon Paris-Nice. On vous a remarqué. Je vous emmène disputer Milan-San Remo.

- Mais pour aller à Milan, il faut passer une frontière et je n'ai pas de papiers.

- Comment ça, vous n'avez pas de papiers ?

- Non, Monsieur Magne, je n'ai pas de carte d'identité et encore moins de passeport. Chez nous, à la campagne, on n'a pas besoin de ça. Lorsqu'on va à la poste toucher un mandat, ce n'est pas la peine, tout le monde nous connaît. Et quand je suis allé en Allemagne pour mon service militaire, personne ne m'a demandé mes papiers.

Magne est médusé. Pourtant, dans son village natal d'Ytrac, dans le Cantal, ils ne doivent pas être très nombreux non plus à posséder une pièce d'identité.

- Bon, dit-il, nous allons commencer par remédier à cela sur le champ. En attendant, dimanche, je vous inscris à « une petite course » : Bordeaux-Saintes.

En fait de petite course, Bordeaux-Saintes est une épreuve rigoureuse et éprouvante. L'arrivée en est jugée sur le vélodrome, dans la vieille ville, à l'extrémité d'une forte côte. Pour moi, c'est pain bénit : il ne m'en faut pas plus pour remporter à Saintes la première victoire de ma carrière professionnelle. Ma joie redouble lorsque j'apprends, à ma descente de vélo, que René Privat, mon coéquipier chez Mercier, vient de remporter Milan-San Remo. Je trouve décidément la vie bien belle dans l'équipe Mercier.

Le championnat du monde de Karl-Marx-Stadt

La saison se poursuit. J'ajoute à mon palmarès une étape du Tour du Sud-Est – épreuve que je perds par manque d'expérience –, et l'ascension du mont Ventoux – le premier grand col que j'escalade. Je ne termine qu'à la deuxième place les Boucles de la Seine, que j'étais sur le point de gagner. Malheureusement, j'ignore encore que, sur un vélodrome, il ne faut pas seulement couvrir la distance qui sépare l'entrée du stade de la ligne d'arrivée, mais effectuer un tour de piste supplémentaire. J'ai décidément encore bien des choses à apprendre. Plus tard, pour ma première sélection en équipe de France, je suis cinquième d'un mémorable Championnat du monde : une malencontreuse crevaison aux abords de l'arrivée m'ayant contraint à m'arrêter, je suis distancé du groupe de tête. Un drôle de championnat, vraiment. Il a lieu à Karl-Marx-Stadt, dans l'ex-Allemagne de l'Est. Pour rejoindre la ville, il fallait parcourir 1 400 kilomètres de route. Or la Fédération a omis de donner leurs visas aux coureurs. Par chance, à aucun moment on ne nous demande de montrer le moindre papier aux douaniers… sauf à l'approche de l'arrivée à Karl-Marx-Stadt. Marcel Rohrbach, sélectionné lui aussi, prend alors les choses en main et, par chance, il n'a pas la langue dans sa poche. Dans un incroyable sabir fait de français, d'italien et d'espagnol, il explique aux douaniers est-allemands que nous ne sommes que deux pauvres petits coureurs français qui viennent seulement disputer un championnat du monde de cyclisme. À l'issue de plusieurs heures de palabres, on nous laisse enfin passer. Mais à l'arrivée à l'hôtel, nouvelle surprise : aucun mécanicien n'a été prévu pour nous. Le matin de l'épreuve, je colle moi-même les boyaux de ma machine...

Je reviendrai plus tard sur le déroulement de cette compétition à l'issue de laquelle le Belge Rik Van Looy devient champion du monde tandis que je termine cinquième.*

En fin de saison, je reçois le Challenge de France qui récompense le meilleur néo-professionnel de l'année. Roger Piel est désormais mon manager. Pour moi, un manager est en effet devenu indispensable, car des flots de demandes de participation à d'innombrables épreuves ne cessent de s'accumuler à mon domicile et je ne peux les étudier tout en poursuivant sérieusement mon entraînement et en disputant des courses. Notre collaboration ne s'interrompra qu'à la fin de ma carrière, c'est-à-dire dix-huit ans plus tard. J'ai toujours été fidèle en amitié. J'ai toujours fait confiance à quelques personnes tout au long de ma carrière. Cette longue association en est la preuve.

---

* Cf. chapitre IV, « Mes Championnats du monde », page 100.

Chapitre V

1961 : MES PREMIÈRES VICTOIRES

La saison 1961 commence par Paris-Nice. Ma condition physique est excellente. J'ai beaucoup travaillé pendant l'hiver, au mépris du gel, de la neige et du froid et, désormais muni d'un passeport, je peux disputer la célèbre course italienne.

Milan-San Remo, c'est la première grande classique de la saison. Elle a lieu le 19 mars, jour de la Saint-Joseph, férié en Italie. Son parcours est toujours le même. La plaine du Pô pour commencer, l'ascension du Turchino pour franchir les Apennins, épine dorsale de l'Italie, puis la longue descente vers la Riviera jusqu'à l'arrivée, sur les rives de la Méditerranée. Cette deuxième partie du parcours comporte deux zones stratégiques : les Capi et le Poggio. Les Capi sont des promontoires dominant la mer (Cervo, Berta et Mele). Le Poggio offre une montée abrupte parmi les serres de fleurs, avant d'enchaîner sur une descente très rapide vers le bord de mer et l'arrivée au centre de San Remo, sur la Via Roma. Avec ses 300 kilomètres, c'est la course la plus longue du printemps.

Au début du siècle, Milan-San Remo était une course de voitures, mais celles-ci ont bien vite été remplacées par les bicyclettes. Lucien Petit-Breton en fut le premier vainqueur en 1907. En 1910, un autre Français, Eugène Christophe, s'impose dans des conditions dantesques. Il fait alors un froid sibérien, la neige tombe dru, au point que l'épaisseur atteint par endroits 60 centimètres. Au sommet du Turchino, Christophe, transi de froid, trouve refuge dans une auberge où, pendant que ses vêtements sèchent devant le feu de cheminée, on le frotte, sur la table de la cuisine, avec de la grappa, l'alcool local. Puis on lui sert une assiette de soupe aussi brûlante qu'épaisse avant de le laisser retourner, seul, braver les éléments. Cette année-là, sur 71 partants, 4 concurrents seulement terminent la course. À l'arrivée, Eugène Christophe est immédiatement emmené à l'hôpital où il reste... un mois.

Après la Première Guerre mondiale, l'Italien Constante Girardengo emporte à six reprises Milan-San Remo. Fausto Coppi et Gino Bartali s'y livrent des duels homériques : trois victoires pour Coppi, quatre pour Bartali. Louison Bobet, vainqueur en 1951, devint un « grand » du cyclisme à cette occasion. L'actuel détenteur des victoires est le Belge Eddy Merckx, avec sept succès.

Comme l'équipe Mercier ne tolère pas les dépassements de budget, je prends place à bord de « l'autobus » pour me rendre de Nice à Milan. « L'autobus », c'est la 403 Peugeot commerciale d'Antonin Magne, peinte en violet, aux couleurs de la maison Mercier. Magne est au volant, je suis assis à côté de lui. Derrière, sur deux strapontins, ont pris place trois coureurs et un mécanicien ; derrière encore, on a casé les valises et, sur le toit, les vélos et les roues de rechange. On le voit, l'équipage qui nous transporte vers Milan n'a pas usurpé son surnom d'« autobus ».

En passant au pied du Capo Berta, Antonin Magne s'arrête sur le bord de la route.

- Vous voyez Raymond, pour gagner Milan-San Remo, il faut attaquer ici. L'arrivée n'est qu'à 35 kilomètres. Regardez bien la configuration des lieux. Juste après le début de la montée, il y a un virage qui permet de se mettre rapidement hors de vue du peloton pourvu que l'attaque soit franche. C'est ici que se sont forgées maintes victoires dans cette épreuve.

À Milan, c'est le Belge Rik Van Looy, à l'époque maître incontesté des courses classiques, qui passe pour le grand favori de la course. La plaine du Pô, le Turchino ne déterminent aucune sélection, pas plus que la longue descente vers Voltri où est placé le contrôle de ravitaillement.

À Gênes, un passage à niveau fermé bloque la course : un course cycliste ne va tout de même pas empêcher les trains de voyager ! Le train se faisant attendre, les coureurs franchissent donc l'obstacle comme ils peuvent : les uns passent par les portillons que leur tiennent les spectateurs, les autres se glissent sous les barrières. Quant aux voitures suiveuses, il leur faut patienter jusqu'au passage du train... La barrière enfin levée, les voitures reprennent au plus vite leur place derrière le peloton. Antonin Magne est...

en 25e position sur 32. Soudain sur le côté droit de la route, il avise un coureur, la roue avant dans la main droite, la main gauche retenant le cadre. C'est moi ! Coup de frein brutal. Le mécanicien bondit, une roue à la main. Mais j'ai attendu longtemps « l'autobus », accumulant le retard sur le reste du peloton. De plus, à la place de la roue abîmée, le mécanicien m'en fixe une munie d'un gros boyau, au lieu des fins boyaux de soie que je me suis procurés la veille chez Baral, à Bordighera. Écœuré, je décide d'abandonner et m'assieds dans l'« autobus ».

- C'est fini, dis-je. J'ai perdu trop de temps. Jamais je ne rejoindrai la course.

- Raymond, vous connaissez la devise de la maison : on n'abandonne jamais une course tant que l'on n'a pas tout donné. Remontez sur votre machine. D'ailleurs, voici Albert Bouvet. Regardez : lui aussi a été retardé par une crevaison. À vous deux, vous allez revenir au sein du peloton.

De mauvaise grâce, je remonte sur ma machine, n'osant désobéir et, en compagnie de Bouvet, j'entreprends de regagner le terrain perdu. Albert Bouvet est un grand rouleur. Plusieurs fois champion de France de poursuite, il a remporté Paris-Tours en tenant à distance, seul, le peloton lancé à ses trousses. Antonin Magne le connaît bien. Sept ans durant, il a été son directeur sportif. Bouvet ne ménage pas sa peine. Moi non plus. Toujours en colère à cause de ce coup du sort, je réintègre le peloton, flanqué d'Albert Bouvet. Sans à-coups, sans me faire remarquer, je remonte jusqu'aux premières places du peloton.

Voici la zone des Capi, et plus particulièrement le pied du Capo Berta. Les recommandations d'Antonin Magne me reviennent à l'esprit. Bien que toujours furieux, je porte une violente attaque dès le pied du Capo Berta. D'un bref coup d'œil vers l'arrière, je me rends compte que je disparais rapidement à la vue du peloton. Au sommet du Berta, je ne regarde pas vers la gauche, où la Méditerranée, particulièrement calme, incite déjà à rêver aux vacances. Six coureurs sont avec moi. C'est le moment de jouer au plus rusé. Je fais mine d'être fatigué par mon offensive. Je respire fort pour laisser croire à mes compagnons d'échappée que j'ai vraiment du mal à reprendre mon souffle. Je fais la grimace. Les directeurs sportifs des coureurs qui m'accompagnent hurlent leurs directives : « Ne vous occupez plus de Poulidor. Il est hors du coup. Roulez, roulez, la victoire est en vue. »

Intérieurement, je ris car je me sens très bien en réalité. Bien calé dans les roues, je récupère, laissant les autres ouvrir la route. Nous voici au pied du Poggio. D'un bref virage à droite, nous quittons la nationale pour une petite route étroite, dont la pente se fait tout de suite raide. Je me dresse sur mes pédales et me propulse en tête de l'épreuve. Antonin Magne est aussitôt derrière moi. Au moment où mon directeur sportif dépasse le peloton, Rik Van Looy lui décoche un regard noir. Le Belge vient de se rendre compte que sa victoire est désormais bien compromise.

Mais la course n'était pas encore terminée. Magne se montre malin, lui aussi. Dans la montée du Poggio, il ne se place plus juste derrière moi. Au contraire, il prend bien soin de rester en vue du peloton, pour faire croire aux coureurs que mon avance sur eux est minime. En fait, elle ne cesse d'augmenter. Je franchis le sommet du

Poggio dont les pentes sont envahies de supporters enthousiastes, et je m'engage dans la périlleuse descente. Je roule vite. Mes trajectoires sont bonnes. Je parviens à ne freiner que ce qu'il faut. Après le troisième virage, je regarde rapidement au-dessus de moi : pas de peloton en vue. Le parfum de la victoire commence alors à m'envahir.

Voici San Remo, noir de monde. Plus loin, voici la fontaine, à 1 000 mètres seulement de l'arrivée. Je suis toujours seul en tête, le peloton à mes trousses. La fontaine est au milieu d'un carrefour. À droite, c'est l'arrivée. Mais je ne connais pas les lieux et le policier de service, au lieu de me diriger vers la droite, se trompe et me fait signe de m'engager dans la rue de gauche, qui s'engouffre vers la gare. Le public hurle, me fait signe de rebrousser chemin. Derrière moi, j'entends le klaxon de « l'autobus » s'étrangler. Aussi vite que je le peux, je fais demi-tour et, sans même changer de vitesse, je prends la Via Roma, qui me mène enfin à la victoire. Je franchis la ligne, ivre de joie et de fatigue. Dans la montée du Poggio, j'ai fait fi de mes jambes, qui sont en feu, et de ma poitrine, qui s'embrase. Une immense clameur salue mon succès. Van Looy est deuxième, à une poignée de secondes. Moi, le paysan limousin, je viens de remporter ma première grande victoire. Un bonheur n'arrivant jamais seul, mon patron, Émile Mercier, qui se trouve sur la ligne d'arrivée, m'octroie sur le champ une importante augmentation.

Pourtant, le lendemain, c'est en deuxième classe que je prends le train à Menton pour regagner Limoges. Ce voyage est resté dans ma mémoire comme un moment curieux. Je sens les regards se poser sur moi et j'ai l'impression que des voyageurs me reconnaissent. C'est la première fois que j'éprouve cette sensation. Je suis sur le point de sortir de l'anonymat. Cette popularité naissante va s'accroître à l'occasion du Championnat de France.

Le Championnat de France

La course a lieu à Rouen et emprunte le circuit automobile. Il s'agit, en fait, d'un « tourniquet » d'un peu plus de six kilomètres dont il faut escalader la « côte du Nouveau Monde » à trente-huit reprises. Jacques Anquetil, sur ses terres, fait figure de favori.

À trois tours de l'arrivée, alors que l'épreuve se décante je décide de faire exploser la course. Seuls, Anquetil, Stablinski, le tenant du titre, Cazala, Huot, Forestier et Rostollan parviennent à me suivre. À l'escalade suivante, j'attaque à nouveau. Un à un, avec difficulté, mes compagnons d'échappée me rejoignent. Au cours de l'avant-dernière ascension, j'attaque à nouveau. Anquetil est irrémédiablement battu. Il ne peut prendre ma roue. Comme lui, les autres ne peuvent faire autre chose que rétrograder.

Seul Stablinski reste dans mon sillage. Je porte une nouvelle offensive, mais cela ne change rien. Stablinski ne bouge pas de ma roue arrière. Le sprint est maintenant inévitable. Or Stablinski est plus rusé, plus expérimenté que moi ; je le sais et il le sait. C'est un homme dur au mal. Son enfance, comme la mienne, a été consacrée au travail. À 14 ans, il extrait déjà le charbon au fond des mines du Valenciennois. Professionnel depuis neuf ans, il a déjà inscrit à son palmarès, parmi bien d'autres épreuves, le Tour d'Espagne et le Championnat de France. De plus, il s'est affirmé comme le meilleur équipier de Jacques Anquetil, auquel le lie une solide amitié. Le sprint est lancé. Stablinski prend la direction des opérations. À 100 mètres de la ligne tracée en haut de la côte du Nouveau Monde, j'accélère une dernière fois et… dépasse Stablinski. Je suis champion de France !

Vainqueur de Milan-San Remo, champion de France, professionnel depuis dix-huit mois, j'avance vite dans la carrière, ce qui me procure un sentiment de profond bonheur. Jacques Anquetil s'en rend d'ailleurs bien compte, tout comme l'ensemble du peloton. Il sait, depuis ce 18 juin 1961, que je vais être à l'avenir son rival sur les courses françaises.

Un problème commence alors à agiter le monde cycliste. Dois-je participer au Tour de France au sein de l'équipe de France, dont le leader incontesté est Jacques Anquetil lui-même ? Pour Antonin Magne, la question est vite réglée. Je ne peux faire mes débuts dans le Tour qu'en y pénétrant par « la grande porte ». Il est vrai que Magne a des antennes un peu partout. Il sait de source sûre que le Tour aura lieu, l'année suivante, selon la formule des équipes de marques. Aussi n'ai-je guère qu'une année à attendre pour être leader d'une formation sur le Tour.

La décision de Magne est abondamment commentée. Elle divise le petit monde du cyclisme français. Louison Bobet met un terme au débat en déclarant : « Derrière Jacques Anquetil qui m'a succédé, Raymond Poulidor est, de tous les routiers français en activité, celui qui m'a le mieux convaincu de la richesse de ses moyens athlétiques. Raymond Poulidor a fait la preuve qu'il est un vainqueur en puissance du Tour de France. C'est un battant, un vrai coureur. Les dirigeants de Raymond Poulidor ont raison de ne vouloir le lancer dans la grande épreuve que sous les garanties de leader à part entière. Or, Jacques Anquetil a mérité cette position privilégiée. Leur collaboration serait par trop épineuse. » Jacques Goddet, bien qu'organisateur du Tour, se range, sans cependant l'avouer ouvertement, à l'avis de Louison Bobet, pour qui il éprouve une solide amitié et un grand respect. Marcel Bidot, directeur technique de l'équipe de France, la mort dans l'âme, raye donc mon nom de sa liste des sélectionnés. Et le Tour de France 1961 part sans moi.

Chapitre VI

L'HOMME À L'AURICULAIRE CASSÉ

Le Tour de France 1961 n'a pas donné satisfaction aux organisateurs. L'équipe de France remporte huit victoires d'étapes ; Jacques Anquetil porte le maillot jaune du premier au dernier jour ; le second, Carlesi, arrive à treize minutes du vainqueur à Paris. Mais tout cela ne contribue pas à entretenir le suspense. Phénomène important, les marques se font de plus en plus présentes dans le cyclisme professionnel. Elles réclament avec une insistance croissante un Tour de France organisé non plus pour des équipes nationales ou régionales, mais pour des formations qui les représentent.

Début octobre, les organisateurs du Tour annoncent donc le changement de formule de l'épreuve. À vingt-six ans, je vais pouvoir y faire mes débuts. Durant toute la première partie de la saison, j'observe de loin, mais non sans attention, la zizanie qui règne dans l'équipe de Jacques Anquetil. Dans le Tour d'Espagne par exemple, le coéquipier de ce dernier, l'Allemand Rudy Altig, brûle la politesse à son leader et emporte l'épreuve. Fou de rage, Anquetil quitte la course à deux jours de l'arrivée, privant ainsi ses équipiers d'un gain confortable. Il demande même le renvoi de son directeur sportif, Raphaël Geminiani. Un vote est organisé, et le résultat désavoue Anquetil, mis en minorité.

Pour ma part, je n'ai pas tous ces soucis. Je m'entraîne dur pour le Tour. Comme le veut Antonin Magne, je vais donc faire mon entrée « par la grande porte », pour reprendre son expression. Le 19 juin, j'effectue une petite sortie de décrassage, à allure réduite. Dans une côte, à quinze kilomètres de chez moi, à Saint-Léonard-de-Noblat, la manivelle du pédalier casse. Je perds l'équilibre et ne peux éviter la chute. La main empêtrée dans les rayons de la roue avant, je sens une douleur aiguë à l'auriculaire gauche.

À Limoges, on diagnostique une fracture et le médecin décide d'enserrer toute la main, bien au-delà du poignet, dans un plâtre solide. L'inquiétude m'envahit : comment vais-je pouvoir participer au Tour avec ce maudit plâtre ? Je ne peux tenir correctement le guidon et, dans les côtes, je suis incontestablement gêné.

Au téléphone, Antonin Magne montre moins de crainte, mais lorsque je me présente, le 21 juin, à Paris, au repas d'avant-Tour de la formation Mercier, les mines se figent. Aussitôt Magne me conduit à l'Institut national des Sports, où les docteurs Andrivet et Dumas, après avoir pris des radios, brisent le plâtre et le remplacent par un bandage réalisé à partir de laine de verre stratifiée. J'effectue une courte sortie à vélo et donne mon accord pour disputer le Tour. On est alors à trois jours seulement du départ, qui à lieu à Nancy.

Dans la capitale lorraine, Rik Van Looy ne fait pas mystère de ses intentions. Son dessein est d'arriver le plus vite possible au pied des Pyrénées, en imposant chaque jour un train d'enfer à la course. Première étape : Nancy-Spa. Au contrôle de ravitaillement de Wiltz, au Luxembourg, Van Looy et ses équipiers profitent des pavés pour éparpiller le peloton. Avec ma main handicapée, je peux à peine tenir mon guidon. Je tressaute sur les pavés, frôlant souvent la chute. Bien entendu, je rate ma musette de ravitaillement. Mes équipiers Robert Cazala et Hubert Ferrer partagent la leur avec moi. D'abord rejeté dans un troisième groupe, je réussis à rejoindre l'arrivée dans un deuxième groupe, mais à la 63e place, à huit minutes et onze secondes du premier groupe qui compte tous les favoris. Le moral de l'équipe Mercier est en berne. Le mien aussi.

Le lendemain, l'étape relie Spa à Herentals. Van Looy tient absolument à gagner cette étape. Herentals, c'est chez lui, à tel point qu'on le surnomme « l'Empereur d'Herentals ». Van Looy et ses équipiers durcissent à nouveau la course. Je me maintiens parmi les meilleurs. Mais à l'arrivée à Herentals, Van Looy évalue mal la topographie. André Darrigade l'emporte au sprint et ravit le maillot jaune à l'Allemand Altig, vainqueur de la première étape. Van Looy, furieux, promet de mener désormais une cadence encore plus infernale. Il tient parole et le rythme est difficilement tenable. Chez les Mercier, la morosité règne. Heureusement, Willy Van Den Berghen, un coureur de notre équipe, l'emporte au Havre tandis que Cazala fait de même à Brest.

Ma main me fait toujours souffrir, d'autant plus que la chaleur est particulièrement pénible. Il m'est impossible de retirer le bandage sous lequel la peau se nécrose. Mes nuits sont agitées, mon sommeil peu profond. Me raser est devenu un pensum, couper ma viande, un exploit. Par chance, mes équipiers montrent pour moi des attentions touchantes. À Luçon, pourtant, je parviens à me faufiler dans une échappée et refais une partie du terrain perdu. Mais dès l'après-midi, dans l'étape contre la montre, je reperds l'avancée du matin : Jacques Anquetil la remporte haut la main, à près de 48 km/h de moyenne sur les quarante-trois kilomètres du parcours qui séparent Luçon de La Rochelle.

Après neuf jours de souffrance, alors que le peloton arrive au pied des Pyrénées, le docteur Dumas m'annonce une bonne nouvelle : la fracture se résorbe. Il confectionne alors un plâtre beaucoup plus léger. Aussitôt, le moral revient chez les Mercier, d'autant plus qu'à Saint-Gaudens, Robert Cazala obtient sa deuxième victoire d'étape.

Désormais délivré en partie du carcan qui m'handicape et plus libre de mes mouvements, je termine troisième de l'étape de Briançon, dans les Alpes, ce qui me permet de prendre place parmi les dix premiers du classement général. Antonin Magne réunit tout son monde. Il faut, nous dit-il, que je gagne l'étape du lendemain : Briançon-Aix-les-Bains, l'étape de la Chartreuse, étape de haute montagne aux dénivelés particulièrement marqués, avec trois cols redoutables : le Luitel, le Cucheron et le Granier.

Pierre Beuffeuil attaque dans l'ascension du col du Luitel pour servir de lièvre. Je porte mon offensive, comme prévu, au pied du col de Porte, là où la pente est la plus raide. Je ne sens plus mes jambes. J'ai l'impression de voler, plus que de pédaler, d'autant plus que je viens de distancer le Luxembourgeois Charly Gaul, puis, un peu plus loin, l'Espagnol Federico Bahamontès, les deux meilleurs grimpeurs de l'époque. Au sommet du col du Cucheron, Jacques Anquetil est à plus de trois minutes derrière moi. Dans le dernier col de la trilogie de la Chartreuse, le col du Granier, je rejoins Henri Anglade qui joue les éclaireurs depuis longtemps. Il me demande de l'attendre, mais mon rythme est trop soutenu pour lui. Une crevaison me retarde un peu au sommet. Puis je plonge dans la descente vers Chambéry. Il reste encore trente kilomètres de plat pour atteindre l'arrivée. Trente kilomètres balayés par un fort vent de face. Je me suis restauré dans la montée du Granier. J'ai encore des forces et je lutte du mieux que je peux contre le vent. Je franchis la ligne d'arrivée deux minutes trente secondes avant Bahamontès et Anglade, tandis qu'Anquetil termine à plus de trois minutes. Planckaert reste maillot jaune, mais je deviens troisième du classement général. Le podium qui nous attend à Paris à l'issue du Tour est désormais en vue. Le plan mis au point par Antonin Magne a parfaitement réussi.

Le lendemain, c'est l'étape Bourgoin-Lyon. Soixante-huit kilomètres contre la montre. À mi-course, Antonin Magne, qui ne vient pourtant jamais à la hauteur de ses coureurs dans les étapes contre la montre, par souci d'éthique, se porte à mon niveau, klaxonne et me crie : « Raymond, rangez-vous, voici la Caravelle. »

La Caravelle, on s'en souvient, c'est l'avion qui fait alors l'orgueil de la France, celui dont on apprécie à la fois la vitesse et l'aérodynamisme. En l'occurrence, la

Caravelle, c'est Jacques Anquetil qui, parti trois minutes après moi, me double déjà. Ce jour-là, comme je l'ai souvent raconté, je l'ai admiré. Il me double en occupant le milieu de la route, donnant l'impression de glisser sur la chaussée comme un patineur sur la glace. Son corps ne bouge pas. Je n'ai même pas l'impression qu'il pédale.

À l'arrivée, Anquetil est vainqueur et maillot jaune. Il a sans doute accompli ce jour-là la meilleure étape contre la montre de sa carrière dans le Tour. Je reste troisième du classement général.

À Paris, au Parc des Princes, Anquetil, vainqueur du Tour pour la troisième fois, est follement applaudi. Je ne suis cependant pas en reste et l'ovation qui me salue est aussi enthousiaste. Ma main plâtrée a frappé les imaginations. Je m'en suis rendu compte sur la route, mais les applaudissements y sont fugitifs et rapides ; au contraire, ce jour-là, sur la piste du Parc des Princes, ils durent longtemps, longtemps. Le public me témoigne son attachement avec chaleur et dans les mois qui suivent, je suis demandé dans tous les critériums, parfois même à un tarif supérieur à celui de Jacques Anquetil. Ce dernier accepte d'ailleurs mal cette situation, pour le moins étrange à ses yeux. Je comprends son irritation, mais, pour l'heure, que puis-je y faire ?

Ce n'est pas après ce Tour que nous sommes devenus amis, mais à l'époque, nous n'étions pas non plus ennemis. La véritable amitié qui allait nous unir devait commencer une fois sa carrière terminée. Pourtant, durant toute la période où nous avons été adversaires, nous avons toujours éprouvé l'un pour l'autre un immense sentiment de respect. Jacques nous a quittés. Par fidélité à sa mémoire, en souvenir de nos luttes passées, il restera à jamais pour moi «Jacques». En souvenir de notre amitié, je n'utiliserai, dans les pages qui suivent, que le prénom de Jacques Anquetil. Je suis sûr qu'il agirait de même à ma place. Il en sera de même pour Eddy Merckx qui fut, après Jacques, mon plus redoutable adversaire et qui, comme Jacques, est devenu au fil du temps un véritable ami.

Chapitre VII

LES SIFFLETS DU PARC DES PRINCES

La saison 1963 que m'avait concoctée Antonin Magne s'annonce riche en événements. Surtout, elle est organisée de telle façon que c'est au cours de l'été, c'est-à-dire lors du Tour de France, qu'il me faut déployer tous mes efforts et donner le meilleur de moi-même.

Le Week-End ardennais

Dès le printemps pourtant, dès les Classiques ardennaises, je me sens déjà dans une condition physique excellente, j'ose même dire proche de la perfection : une forme olympique ! Le calendrier cycliste m'indique qu'il faut participer au Week-End ardennais. Il s'agit de deux épreuves qui ont lieu à quelques jours d'intervalle et qui, à l'époque, donnent lieu à un classement commun aux deux courses : Liège-Bastogne-Liège et La Flèche wallonne. L'une comme l'autre sont des épreuves particulièrement difficiles. Elles se disputent dans les Ardennes belges, région malheureusement mal connue des Français, bien que très francophone et francophile. C'est un pays d'élevage, planté de forêts de conifères au milieu desquelles serpente le parcours, le long de l'Ourthe et de la Meuse. Les côtes y sont nombreuses et, si elles sont courtes – en général moins de deux kilomètres –, leur pourcentage est terriblement élevé. Ces montées fascinent véritablement les supporters belges et ceux qui les grimpent accèdent au rang de héros. Ainsi Stan Ockers est-il statufié au sommet de la côte des Forges, ou encore Eddy Merckx au sommet de celle de Stockeu. Le point culminant de ces épreuves approche les 850 mètres d'altitude. D'ailleurs, dans la course Liège-Bastogne-Liège, le parcours traverse le petit village typiquement belge de Barraque-de-Fraiture, aujourd'hui station de ski de fond.

Cette année-là, l'arrivée de Liège-Bastogne-Liège est jugée au sommet de la citadelle de Namur, après une montée redoutablement pentue. Alors que nous parcourons les derniers kilomètres, je prends la tête de l'épreuve, éliminant une grande partie du peloton. Dans la côte, j'entrevois la victoire, là-bas, à portée de pédale. Les coureurs qui m'ont suivi dans mon échappée peinent sur leurs machines, j'entends dans mon dos leur souffle rauque. Ils cherchent l'oxygène. Je m'apprête à passer le premier la ligne d'arrivée quand, à deux cents mètres de l'arrivée, mon pied, sans doute sous la violence de l'effort, sort du cale-pied. Fortement déséquilibré, je frôle la chute, regardant impuissant ceux que j'ai presque distancés me doubler les uns après les autres. Par chance, c'est mon équipier, le Belge Frans Melckenbeeck, qui emporte l'étape, offrant ainsi à la maison Mercier un succès fort estimable. Je suis deuxième.

Quelques jours plus tard, c'est la course de La Flèche wallonne. Après une ultime offensive dans la dernière côte du parcours, celle de la Blanche Borne, je suis, à Charleroi, le premier Français à remporter cette épreuve. Je suis donc vainqueur du Week-End ardennais, pour ma plus grande satisfaction. Antonin Magne a d'ailleurs toujours soutenu que j'ai accompli sur ces épreuves des performances majeures de ma carrière.

Le Critérium du **Dauphiné Libéré**

Approche ensuite l'époque du Critérium du *Dauphiné Libéré*. Jacques Anquetil, qui accomplit cette année-là l'une de ses meilleures saisons en remportant des compétitions difficiles telles que Paris-Nice, le Critérium international – disputé sur trois étapes – et le Tour d'Espagne, se trouve avec moi sur la ligne de départ. Il est décidé que je dois jouer mon va-tout au cours de l'étape de montagne Lyon-Villard-de-Lans.

Au sommet du premier col de la journée, celui de Marcicu, dans le massif de la Chartreuse, je devance d'une minute Bahamontès et les autres concurrents. Dans l'ascension suivante, la montée de Saint-Nizier, mon coup de pédale devient heurté, saccadé. J'avance avec peine. Plusieurs concurrents me doublent, non sans me jeter des regards étonnés. Je me mets à tanguer sur ma machine, puis à zigzaguer. En réalité, je suis victime d'une sévère défaillance ! Jamais encore je ne me suis trouvé dans un tel état. Je ne vois plus la route, me sens comme privé de toutes mes forces. J'ai l'impression de ne plus exister. Antonin Magne se précipite, m'empoigne avec force et me plaque contre la paroi rocheuse qui borde la route. Remarquant mon regard vitreux, il me gifle pour me faire reprendre mes esprits. Je l'entends encore me tendre un petit sandwich et me dire avec fermeté : « Mangez, Raymond, mangez. Je vous en supplie. Faites un effort. Croquez, mâchez bien, avalez lentement. Il le faut, Raymond ! » Je m'exécute avec peine. Mais petit à petit, je reprends vie, les couleurs me reviennent, je réalise où je suis et commence à distinguer les gens qui m'entourent. Je reprends mon souffle. Enfin, mon directeur sportif, estimant que j'ai recouvré suffisamment de forces, m'ordonne de remonter sur mon vélo et je me dirige vers l'arrivée.

Le soir, au milieu du repas, Magne se lève et prend la parole : « Messieurs, Raymond a connu aujourd'hui une terrible défaillance. Sachez bien, Messieurs, que les grandes défaillances sont l'apanage des grands champions. » Avec force détails, il poursuit son discours en relatant les malaises les plus spectaculaires du demi-siècle écoulé. La course, elle, est remportée par Jacques Anquetil.

Le Tour 1963

Quelques semaines plus tard, à Nogent-sur-Marne, alors que je prends place sur la ligne de départ du Tour de France, à Nogent-sur-Marne, je retrouve Jacques. Une

Les années d'école.
Classique photo de classe à l'école communale. Mes frères et moi y avons passé plusieurs années et c'est là que j'ai obtenu mon certificat d'études. Où l'on se rend compte que le sabot n'est pas une légende…

Avec mes frères et un ami.
De droite à gauche : mes frères André et Henri, moi et un ami, Robert. Il ne manque que mon frère René.

Les années de service.

En haut : à nouveau, une classique photo de « classe ». C'est le début de vingt-sept mois d'armée. Le sourire est de rigueur !

En bas : août 1958, c'est bientôt la fin ! Trêve dans la zone des combats. L'apéritif est fictif. J'ai perdu du muscle, mais pas ma bonne humeur.

© D.R.

1959

© D.R.

1964

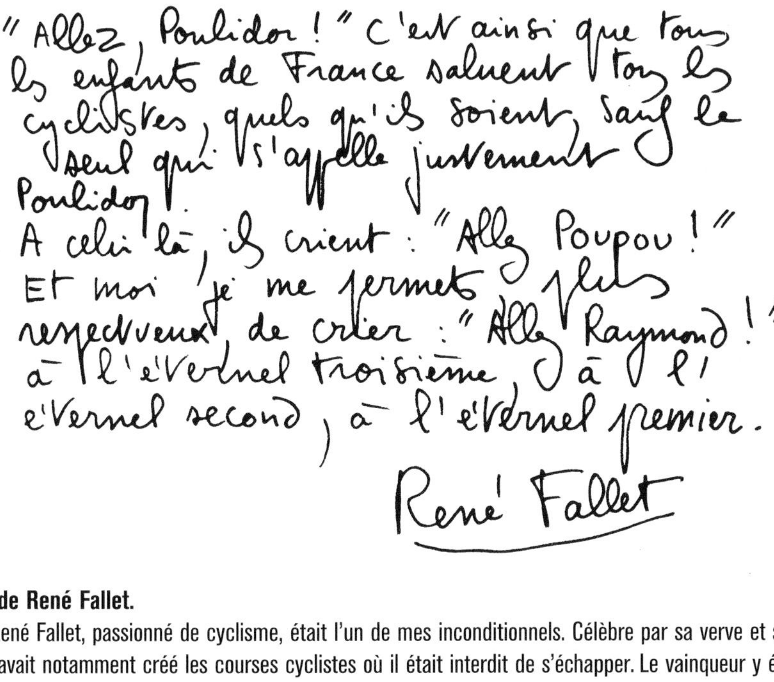

"Allez, Poulidor !" C'est ainsi que tous les enfants de France saluent tous les cyclistes, quels qu'ils soient, sauf le seul qui s'appelle justement Poulidor.
A celui là, ils crient : "Allez Poupou !"
Et moi je me permets plus respectueux de crier : "Allez Raymond !" à l'éternel troisième, à l'éternel second, à l'éternel premier.

René Fallet

© D.R.

Dédicace de René Fallet.

L'écrivain René Fallet, passionné de cyclisme, était l'un de mes inconditionnels. Célèbre par sa verve et sa gouaille, il avait notamment créé les courses cyclistes où il était interdit de s'échapper. Le vainqueur y était celui qui accusait le poids le plus important, c'est-à-dire celui qui en avait perdu le moins parce qu'il avait fourni le moins d'effort.

Le Tour de France, 1963.
Après les Pyrénées et avant les Alpes, Gilbert Desmet est maillot jaune. Anquetil, Anglade et Bahamontès me devancent au classement final. Ce sont, pour moi, les coureurs à battre.

Le Tour de France, 1963.
Avec Federico Bahamontès, coureur espagnol. Nous étions alors en tête dans une étape de montagne. J'assure le train dans la montée du Grand Saint-Bernard en compagnie de Bahamontès avant de me détacher et d'être le premier au sommet du « toit » de ce Tour de France.

Le Bol d'Or des Monédières, 1963.
Je n'ai rien fait de répréhensible… mais lorsque je gagne, la foule, toujours enthousiaste, est prompte à m'entourer. À Chaumeil, après le Bol d'Or des Monédières, l'organisateur Jean Segurel a choisi la manière forte pour me protéger.

En haut : avec Antonin Magne, mon directeur sportif.
Béret basque vissé sur le crâne et blouse blanche, tel se présentait en toute circonstance Antonin Magne, mon directeur sportif. Ici, en 1962, je viens de remporter à Aix-les-Bains ma première étape du Tour.

En bas : avec Jean Ségurel.
En compagnie de Jean Ségurel, accordéoniste de talent, organisateur du Bol d'Or des Monédières. Sa course était – et est toujours – une grande fête du vélo. En 1966, Jean Ségurel a beaucoup fait pour que puisse se réaliser le « pacte des Monédières ».

© Roger-Viollet

Le Tour de France, 1964.
Avec Jacques, dans le somptueux décor du massif pyrénéen. Nous n'avons pas le temps d'admirer le paysage. Seule notre lutte nous intéresse. Je suis attentif à la route. Jacques, lui, jauge un adversaire sur sa droite.

Le Critérium national, 1964.
Jacques me bat au sprint à l'issue de la première étape. Nous sommes fatigués tant notre lutte fut âpre et franche. Lorsque nous étions tous deux au départ d'une épreuve, c'était toujours pour nous livrer à fond.

© AFP

Le Tour de France, 1964. Nous avons voulu faire ce tour d'honneur ensemble, à la fois pour montrer combien nous avons été loyaux vis-à-vis de notre sport et pour remercier le public, qui nous a toujours soutenus, durant toute l'épreuve.

Le podium du Tour de France, 1964. Même sur le podium, nous avions encore des tas de choses à nous dire.

Le Tour de France, 5 juillet 1966.
Je remporte l'étape contre la montre à Vals-les Bains. Je devance Jacques Anquetil de sept secondes. Cette année-là, je crois que j'ai atteint ma plénitude dans les épreuves chronométrées. J'ai su prendre des risques calculés mais nécessaires pour gagner, me moquant de la frousse causée à ceux qui me suivaient en voiture.

Le Tour de France, 1967.
J'ai aidé Roger Pingeon à remporter ce Tour, surtout dans le Galibier. Ici, le Tour touche à sa fin. Nous approchons du Puy de Dôme. Je suis aux côtés de Pingeon, maillot jaune, pour contrer éventuellement toute offensive adverse.

nouvelle fois, mon adversaire fait figure de grand favori. Au sixième jour du Tour, les coureurs doivent disputer une étape contre la montre de vingt-cinq kilomètres, sur un circuit tracé autour d'Angers. Jacques ne l'emporte sur moi que de quarante-cinq secondes. Il s'étonne avec admiration de mes progrès dans le contre la montre. Cet hommage est pour lui une manière de se reconnaître contraint de ne plus compter exclusivement sur les contre la montre pour remporter la victoire finale, mais aussi d'attaquer en montagne. Il ignore toutefois que j'ai d'autres atouts en main. Ainsi, pour la première fois de ma carrière, j'ai reconnu le parcours avec Antonin Magne. Je le connais même par cœur. De plus, la maison Mercier m'a fait construire pour ce genre d'étape un vélo spécial, aussi léger que rigide, inspiré, d'ailleurs, de celui de Jacques. Enfin, j'ai gagné en puissance. Je ne me déhanche plus sur ma machine, je reste bien en ligne, ma position est beaucoup plus aérodynamique qu'à mes débuts et j'ai appris à négocier les virages.

Dans la première étape des Pyrénées, Jacques, très vigilant, l'emporte au sprint devant Bahamontès et moi. Le Tour se poursuit vers les Alpes où le programme prévoit l'étape Val d'Isère-Chamonix par les cols du Grand Saint-Bernard, de la Forclaz et des Montets. Dans le premier col, je porte plusieurs offensives. Avec ses 2 649 mètres d'altitude, c'est le plus haut du Tour. Importante voie de communication entre la Suisse et l'Italie, il est équipé d'un bon revêtement et la pente n'est pas exceptionnellement élevée, afin de permettre aux plus gros poids lourds de la gravir. Je me rends rapidement compte qu'il est impossible de creuser des écarts importants, mais je poursuis tout de même ma route d'élément précurseur de l'étape. Sans doute Antonin Magne aurait-il dû me demander de couper mon effort. J'atteins le sommet avec trois minutes d'avance et je file dans la descente.

Le col suivant est celui de la Forclaz. Il se révèle beaucoup plus propice à une tentative de distancer Jacques Anquetil au classement général. Au bas de la descente, à Martigny, les organisateurs ont placé le contrôle de ravitaillement. Et là... je manque ma musette de ravitaillement. Aujourd'hui encore, je ne comprends pas comment cela a pu m'arriver ! Sur le coup, je n'y prête pas attention. J'entame l'ascension avec régularité. Mais soudain, c'est « la panne de cuisses ». Privé d'alimentation, je n'ai pas d'apport de calories. La rétrogradation est inévitable. Je termine dix-septième de cette étape, à plus de huit minutes du vainqueur... Jacques Anquetil !

Le soir, à Chamonix, j'attends que les journalistes aient quitté ma chambre de l'hôtel Richemond pour verser quelques larmes amères. Moi, d'habitude si jovial, je suis triste, plein de regrets. Je maudis cette musette de ravitaillement ratée à Martigny. Avec elle, avec ma volonté et mon désir de vaincre, je pouvais faire trembler Jacques, le faire vaciller, c'est sûr !

À Paris, vainqueur des plus belles étapes, Jacques remporte le Tour pour la quatrième fois. Il est applaudi avec enthousiasme alors qu'il effectue son tour d'honneur. Pour ma part, huitième du classement final, je suis sifflé par le public. Ces huées me font mal. Ce sont les premières de ma carrière et je ne comprends pas cette réaction sévère du public. J'ai toujours été habitué aux acclamations et aux applaudissements. Avisant, sur la pelouse du Parc des Princes, un Antonin Magne aussi triste que moi, je lui demande de m'inscrire au Grand Prix des Nations. « Mais voyons, Raymond, vous n'y pensez pas. Le Grand Prix des Nations, ce n'est pas fait pour vous », me rétorque-t-il, amer. Il me faut déployer toute ma persuasion et faire preuve d'une insistance farouche pour qu'il s'exécute.

Le Grand Prix des Nations

Les Nations, à l'époque, c'est une course contre la montre de cent kilomètres, dont le parcours sillonne la vallée de Chevreuse, célèbre pour ses côtes. Je me présente au départ, entraîné comme jamais je ne l'ai été, sûr de moi, sûr de vaincre.

Et j'écrase la course : j'améliore de huit minutes le temps de référence de Roger Rivière, je rejoins l'Espagnol Pacheco, qui avait battu Jacques dans le Tour d'Espagne et qui était parti un quart d'heure avant moi, et je triomphe même, avec trois minutes d'avance, du spécialiste de l'épreuve, le Belge Ferdinand Bracke.

Au Parc des Princes, où est jugée l'arrivée, une longue ovation salue mon entrée sur la piste. Tout au long de mon tour d'honneur, pas un seul sifflet, je n'entends que des cris de joie et des applaudissements. C'est ma revanche et ma consolation. J'ai retrouvé l'affection du public. J'ai retrouvé son admiration.

Chapitre VIII

1964 : L'ANNÉE DÉCISIVE

Je suis maintenant professionnel depuis quatre ans. Beaucoup des lacunes que je devais à mon inexpérience ont été comblées. Jamais je n'ai fréquenté l'école du cyclisme. J'ai effectué mes premières courses sur un vélo demi-course. Avant de passer professionnel, j'ignorais tout de la diététique et du massage. Le service militaire a longtemps retardé le début de ma carrière. J'ai maintenant vingt-sept ans. Il est temps pour moi de prouver que je suis capable de tenir mon rang dans une épreuve de longue haleine.

Paris-Nice, le chrono le plus parfait de ma carrière

Je me présente au départ de Paris-Nice. Une grippe m'a mis sur le flanc la semaine précédant la course et je n'ai pu effectuer que deux sorties d'entraînement, d'une centaine de kilomètres seulement chacune. Ce manque d'exercice me rend rigoureusement incapable de savoir précisément si ma condition physique est bonne ou mauvaise.

L'épreuve part de Fontainebleau. Il fait un tel froid que je revêts trois maillots de laine, délaissant jambières et passe-montagne. Dès le premier jour, Jacques et moi perdons trois minutes sur les premiers arrivés. Déjà, certains observateurs estiment que la victoire de Paris-Nice nous a peut-être déjà échappé. Je confie à ces pessimistes commentateurs que c'est dans l'Île de Beauté, où nous attendent deux étapes particulièrement corsées, que se jouera le sort de l'épreuve. La course se poursuit dans un froid persistant. Le Hollandais Jan Janssen devient leader dans le Morvan, à l'issue de l'étape contre la montre par équipes. La compétition qui nous oppose, Jacques et moi, ne se relâche pas. Bien qu'il admette que je le dépasse dans l'ascension des côtes, il ajoute : « Cela ne va durer longtemps, car je m'améliore de jour en jour. » Moi, je ne dis rien. J'essaie de rester calme et décontracté, mais je sens confusément dans mon for intérieur que je suis sur le point de réaliser une grande performance… et peut-être même de remporter Paris-Nice.

Nous voici en Corse, à Ajaccio. L'étape du jour, longue de 190 kilomètres, joint Ajaccio à Porto-Vecchio. C'est un véritable labyrinthe à travers le maquis corse, avec des traversées de villages, certes pittoresques, mais ô combien acrobatiques. Il fait toujours aussi froid : des averses de grêle, trop souvent, giflent nos visages et marquent nos bras, nos mains et nos cuisses. À mi-parcours déjà, les abandons sont nombreux : 26 sur 56 partants, soit presque la moitié de l'effectif. Nous sommes une bonne dizaine en tête de l'étape. Très à l'aise dans cet environnement montagneux, je gagne cette étape en battant au sprint l'Allemand Rudy Altig. Sur la ligne d'arrivée, face à l'église Saint-Jean-Baptiste, au terme d'une pénible montée, Jacques me suit à sept secondes. Une fois de plus, j'admire à quel point le Normand sait sortir le « grand jeu », quand il le faut. L'étape d'aujourd'hui a été longue et difficile. Il s'y est montré sous un meilleur jour.

Le lendemain s'annonce comme une journée elle aussi difficile : 143 kilomètres le matin, entre Porto-Vecchio et Bastia, sur des routes toujours aussi escarpées, au rendement pratiquement nul, et 33 kilomètres contre la montre l'après-midi, d'Olmeta-di-Tudi à Bastia par le col de Teghime. Selon mes estimations, c'est dans cette étape que je vais pouvoir montrer ce dont je suis capable. Pour l'heure, au classement général, les écarts sont importants, mais ils ne m'effraient pas : Janssen est toujours maillot blanc, Jacques est neuvième à trois minutes et cinquante et une secondes, je suis dixième à quatre minutes et huit secondes. Il y a donc dix-sept secondes d'écart entre nous.

Sur la ligne de départ, je me concentre et m'applique à ignorer les autres coureurs. Mon vélo est en parfait état de marche, les bons braquets ont été choisis. Dès les premiers coups de pédale, je sens que je vais réaliser une performance. Bien avant le col de Teghime, je rejoins et dépasse l'Anglais Ramsbotton, puis le Hollandais Zilverberg, partis longtemps avant moi. Dans le col, je rattrape et double un autre Hollandais, Geldermans. Puis c'est au tour de

Jean Forestier de se faire distancer. Au sommet du col, des pointages officieux réalisés par Pierre Chany, journaliste à *L'Équipe*, m'apprennent que j'ai repris trois minutes à Anquetil, deux à Altig et que je suis sur le point de combler mon retard sur Janssen.

Voici la descente. Elle est sinueuse, très technique, mais on peut y prendre des risques si l'on se sent bien. C'est mon cas. De toute façon, je n'ai pas le choix. Je suis peut-être sur le point de gagner Paris-Nice !

Dans le deuxième virage, qui oblique vers la gauche et que j'aborde à grande vitesse, une voiture de la caravane publicitaire bloque la route. Je fais ce que je peux pour l'éviter. J'y parviens de justesse, mais c'est pour me retrouver dans le fossé après une spectaculaire cabriole. En tombant, je me suis blessé à l'épaule gauche, mais ignorant la douleur, je me relève le plus vite possible. Malheureusement, force m'est de constater que le bilan est âpre : mon vélo, cadre plié, est inutilisable. Je ne panique pas : dans la voiture qui me suit, il y a, outre un mécanicien de l'équipe, mon vélo de rechange. Du moins, je le suppose. Je sors seul du fossé et vais au-devant de la voiture. Le mécanicien s'avance, tout penaud.

- Mon vélo ! Mon vélo !

- Raymond, il n'y a pas de vélo de rechange. La voiture est trop petite. Je n'ai pu prendre qu'une paire de roues.

En un éclair, je comprends tout. La voiture suiveuse est fournie par l'organisation qui fait appel, comme c'est la coutume, à des bénévoles. En l'occurrence, on m'a attribué la plus petite des voitures, une Citroën Ami Six, à bord de laquelle ont pris place le conducteur, l'un de ses amis, tout heureux de profiter de l'aubaine, et le mécanicien, muni d'une paire de roues. Quant au vélo de rechange, il n'y avait plus de place pour lui. Il est resté sur la ligne de départ.

Je comprends surtout que je suis en train de perdre Paris-Nice. Je fulmine. Mais des spectateurs sont accourus à la hâte et je réprime ma colère sur le point d'éclater. C'est donc ainsi que l'organisation de la course traite un champion de France, vainqueur de Milan-San Remo, de la Flèche wallonne et de bien d'autres courses, sur le point de remporter Paris-Nice : elle lui attribue la plus petite voiture suiveuse !

Quarante ans plus tard, Jean Leulliot, l'organisateur, n'est plus et loin de moi l'idée de jeter la pierre à qui que ce soit. Mais je ne peux m'empêcher de repenser à l'article de Pierre Chany qui, quelques jours plus tard, dans *L'Équipe*, fait état d'un organisateur esseulé, débordé, obligé de régler lui-même chaque problème et ne pouvant avoir l'œil à tout.

Sur le bord de la route, mon vélo brisé à mes pieds, il ne me reste plus qu'à attendre Antonin Magne, qui suit Jean-Claude Annaert, deuxième du classement général. Annaert vise en effet une place sur le podium et donne beaucoup de satisfactions à l'équipe Mercier. J'attends longtemps, trop longtemps, beaucoup trop longtemps. Dix-huit minutes au total. Et lorsque mon directeur sportif arrive à ma hauteur, il ne me voit pas et passe son chemin. Je hurle : « Tonin, Tonin, ne me laissez pas là ! » Mais il a déjà disparu dans le virage suivant. Heureusement, Jacques Couvrat, secrétaire général des Trophées

Pernod –un homme d'une grande amabilité–, s'arrête à ma hauteur, met ce qui reste de mon vélo dans son coffre et me reconduit directement à l'hôtel. Dans le confort de son ID 19, je ne peux m'empêcher de penser que c'est lui qui aurait fort bien pu être désigné pour me suivre. Sans doute aurait-il d'ailleurs accepté avec plaisir...

Je me revois encore, le soir, expliquant à Jacques Augendre, envoyé spécial de *L'Équipe*, comment j'étais ce jour-là en train d'accomplir le meilleur chrono de ma vie. Tout me semblait facile. Je ne sentais pas les pédales. J'avais une terrible envie de vaincre. Aujourd'hui, à quarante ans de distance, je pense toujours que ce fut la plus belle, la plus accomplie, la plus parfaite de toutes mes épreuves individuelles contre la montre dans une course à étapes. À la fin de l'interview, je déclare : « Le sport comporte des épreuves qu'il faut subir, bon gré, mal gré. Contre la malchance, on ne peut rien. »

Je n'ajoute rien au sujet de la voiture publicitaire arrêtée au milieu de ma trajectoire. Quelques jours plus tard, des journalistes belges me racontent qu'ils ont qualifié cette édition de Paris-Nice « la course aux soleils »*, car dans l'étape contre la montre par équipes, une autre voiture publicitaire a fait tomber deux coureurs de la formation Flandria, les contraignant, comme moi, à l'abandon. Maigre consolation ! L'épreuve se termine sans moi, et Jan Janssen devient le premier coureur hollandais à inscrire son nom au palmarès de l'épreuve.

---

* Par allusion au surnom de la course Paris-Nice, « la course au soleil », et à l'expression « faire un soleil », qui signifie faire une chute.

Milan-San Remo ou les regrets de ne pas être sprinter

La saison se poursuit. C'est l'heure de Milan-San Remo. Ma douleur à l'épaule a disparu et je suis bien décidé à conjurer le mauvais sort. Pour éviter un long et pénible voyage dans le célèbre «autobus», il a été décidé que je rallierais Milan en train, depuis Nice, en compagnie de quelques équipiers. Dès la gare, le sort se montre contraire : lorsque nous nous présentons à la gare pour prendre le train de 19h30, on nous annonce que celui-ci est complet. Nous prenons donc le suivant, à 21h50, qui arrive à Milan à 4 heures du matin. Belle entrée en matière !

Au départ de ce Milan-San Remo, nous sommes 232. La course se décante, comme par hasard, dans le Capo Berta. Le Britannique Tom Simpson engage à ce moment-là une violente offensive. Immédiatement, je suis dans sa roue, en compagnie de deux coureurs italiens. Dans le Poggio, alors que nous nous trouvons en tête de la course, je porte une première attaque. Les deux Italiens sont lâchés. J'attaque encore, à deux reprises. Simpson reste dans ma roue. Le sprint va nous départager. Je termine deuxième, à une longueur du Britannique, et, le soir, je confie à Jacques Augendre : «Simpson était aussi fort que moi, mais meilleur sprinter. J'envie les sprinters, car il m'est de plus en plus difficile de finir seul. Cependant, je ne dois pas me plaindre, car j'aurais très bien pu me rompre les os dans la descente du col de Teghime.» Aujourd'hui encore, cette chute me laisse des regrets.

Critérium national : la victoire

Après cette course italienne, nous nous retrouvons avec Jacques Anquetil sur la ligne de départ de Gand-Wevelgem. Aux abords de l'arrivée, au sommet du Mont Kemmel, l'un de ces nombreux monticules qui hérissent ce plat pays de Flandre, je passe en tête. À peine ai-je pris l'avantage que je suis victime d'une crevaison. Je perds du temps et laisse partir mes adversaires. Jacques remporte cette épreuve.

Voici maintenant le Critérium national – devenu, depuis, le Critérium international. C'est le véritable championnat de France du printemps. Cette épreuve se dispute à Revel sous la forme d'un triptyque : une course en ligne le premier jour, une course de côte et un contre la montre le jour suivant. Jacques et moi sommes les favoris. La première journée est une bagarre infernale, à l'issue de laquelle mon adversaire me bat au sprint pour la victoire finale. Je constate à cette occasion que nous sommes tous deux soucieux de nous livrer à fond, sans concession. Il est vrai que nous n'avons jamais triché avec notre public, ce qui explique peut-être que, à cette époque, le cyclisme était le sport numéro un dans notre pays. D'ailleurs, notre exemple rejaillit sur le peloton car, bien souvent, notre présence au départ de l'épreuve garantit à son organisateur une formidable course de mouvement.

Lorsque le départ de la course de côte est donné, la neige tombe en abondance. Au kilomètre 8, dans la côte de Malamort, Jacques, qui n'a jamais aimé le froid, met pied à terre et abandonne. Je remporte la course contre la montre et, par la même occasion, l'épreuve.

Vainqueur du Tour d'Espagne

Ma route et celle de Jacques se séparent alors jusqu'au Tour de France. Pendant qu'il s'en va disputer le Tour d'Italie, je pars courir le Tour d'Espagne. C'est ma première participation à la grande épreuve espagnole. Pour moi, comme pour Antonin Magne, il n'est question que de victoire.

Au départ de cette *Vuelta*, on annonce un duel Poulidor-Van Looy. Duel qui tourne court, puisque Van Looy abandonne dès le sixième jour, après une mauvaise chute. Sur les conseils d'Antonin Magne, j'entame alors une course prudente. Je suis toujours bien placé, mais j'évite de trop me montrer. À trois jours de l'arrivée, je suis à trois minutes et vingt-sept secondes du leader au classement général, l'Espagnol Julio Jimenez. C'est le moment de l'étape contre la montre sur un parcours difficile, entre Vilalon de Campos et Valladolid, dans le nord du pays. L'étape est longue de 65 kilomètres. C'est là qu'il faut frapper un grand coup. Je gagne en devançant tous ceux qui me précèdent au classement général, les Espagnols Gabica, Perez-Frances et enfin Jimenez, « l'horloger d'Avila ». Je prends le maillot *amarillo* et le conserve jusqu'à l'arrivée à Madrid, succédant ainsi à Jacques Anquetil au palmarès de cette épreuve. Antonin Magne est aux anges. J'ai gagné ! De plus, la formation Mercier remporte, outre ma victoire finale, six étapes sur dix-neuf (trois avec Menckenbeek, deux avec Hoban, et une avec moi).

Cette victoire me ravit. J'ai acquis de l'endurance. Je parviens mieux, maintenant, à apprivoiser la chaleur. Je sais dorénavant avec exactitude ce que je peux demander à mon corps. Peu à peu, je laisse mes pensées voler avec tranquillité vers le Tour de France.

Avant le Tour, cependant, je participe au Critérium du *Dauphiné Libéré*, dans lequel je remporte l'étape contre la montre et termine deuxième, derrière un coureur espagnol peu connu, Uriona. Cette deuxième place ne satisfait pas tout le monde. On me critique. À mes détracteurs, j'explique que je n'ai pas un moteur dans le ventre, et qu'il faut me laisser faire en suivant mes impulsions. Je rappelle à cette occasion que, l'année précédente par excès de précipitation, j'ai attaqué dans le col du Grand Saint-Bernard pour me retrouver finalement, à l'arrivée à Chamonix, sept minutes derrière Anquetil et Bahamontès.

Le Tour de France

22 juin 1964. Rennes. Voici enfin le départ du Tour de France. Nous sommes 132 sur la ligne de départ. Jacques Anquetil vient de remporter un difficile Tour d'Italie. Il veut réaliser le doublé *Giro*-Tour de France, que seul Fausto Coppi a déjà réussi. Antonin Magne a réuni autour de moi une équipe de solides coureurs : les Français Robert Cazala, Jean Gainche, Jean-Pierre Genet, André Le Dissez, Robert Poulot et Robert Vermeulen ; les Belges Frans Aerenhouts, Frans Melckenbeek et Victor Van Schil, ainsi que l'Anglais Barry Hoban.

L'heure des déclarations a sonné. Je confie à la presse : « Je serai partout l'adversaire de Jacques Anquetil et surtout contre la montre. » Jacques réplique : « Si Raymond Poulidor veut calquer sa course sur la mienne, il va finir à la vingt-sixième place et moi à la vingt-cinquième. »

Le décor est planté. Les journalistes ont affûté leurs crayons, et Robert Chapatte, qui officie pour la télévision, ses commentaires. En France, ce Tour est un grand événement. Imaginez, par exemple, qu'Armstrong et Ulrich soient français et qu'au départ du Tour, ils se présentent tous deux, l'un vainqueur du *Giro* et l'autre de la *Vuelta*. En 1964, Anquetil-Poulidor, c'est cela. Ce duel entre nous va supplanter toute autre actualité. Les journalistes donnent leur pronostic : 50-50.

La première étape, Rennes-Lisieux, se passe mal pour moi. À trois kilomètres de l'arrivée, Van Looy tombe, entraînant dans sa chute une bonne partie du peloton. Je suis pris dans un inextricable méli-mélo de coureurs et de vélos. J'essaie de me dégager le plus vite possible et j'ai tout juste le temps de voir Jacques, qui me suit, sauter sur un trottoir et éviter l'amas de coureurs et de machines. À l'arrivée, j'accuse sur Jacques un débours de vingt secondes.

Quarante-huit heures plus tard, à l'issue de l'étape contre la montre par équipes, la formation Mercier est sixième, alors que les Saint-Raphaël de Jacques obtiennent la huitième place. Je reviens au classement général à deux secondes de Jacques. L'équilibre est donc rétabli.

La course se poursuit. Freibourg, Besançon. Jacques s'applique à bloquer la course. Son équipe protège en même temps le maillot jaune de Rudy Altig. Notre duel va donc se jouer dans la montagne et lors des étapes contre la montre.

Justement, la montagne, la voici. Enfin, ses prémices. Tout juste de quoi lever le postérieur de la selle. À Thonon-les-Bains, à l'issue d'une furieuse passe d'armes le long du lac Léman, je devance Jacques de trente-quatre secondes et passe devant lui au classement général. Mais je suis encore à plus de six minutes du maillot jaune, Rudy Altig. Pourtant, je suis content de moi. J'ai la ferme impression que le Tour va se jouer à la seconde près. J'ai provoqué un écart avec Jacques. Je suis bien placé dans la course. Tout va bien.

Le lendemain, c'est Thonon-les-Bains-Briançon par le col du Galibier. Federico Bahamontès gagne l'étape. Je termine deuxième, à une minute et trente-deux secondes de l'Espagnol. Jacques est à dix-sept secondes de moi, mais il a crevé à un kilomètre du sommet du Galibier. Bien que cet écart soit peu de chose, il me propulse à la troisième place du classement général.

À Briançon, allongé sur mon lit, j'étudie les classements avec attention. Certes, Bahamontès devient un rival dangereux, mais il y a encore huit ou dix vainqueurs possibles. De son côté, Jacques mène la même réflexion. « Mon problème, dit-il, c'est Raymond Poulidor. » À ce moment, il est à une minute et quinze secondes de moi au classement général.

Nous voici maintenant sur la route de Monaco. Une route qui emprunte sans vergogne le chemin des écoliers puisque, avant de rejoindre, à Monaco, le stade Louis-II, il nous faut escalader le col de Restefond, le col de Vars et la Turbie. Le Restefond, que nous grimpons pour la première fois par la face nord, de loin la plus difficile et la plus escarpée, ne nous laisse aucun répit pour admirer les paysages, les grandes étendues d'herbe rase, piquetées de temps à autre par de modestes refuges de bergers, et fréquentées, dès la fonte des neiges, par des troupeaux de moutons. On dit même qu'on peut y voir des loups, venus de l'Italie toute proche... Nous n'en avons pas aperçu un seul. La sélection parmi les candidats à la victoire finale ne se fait pas au passage de ce col, pas plus qu'à celui du col suivant, celui de Vars. Nous avons tous une parfaite connaissance du terrain et abordons la descente avec prudence, n'ayant pu nous départager dans la montée. Nous savons tous que la descente de ce col est l'une des plus dangereuses de France. Le revêtement est mauvais, les virages sont courts, des blocs de rochers émergent sur les bas-côtés. Il faut constamment modifier la trajectoire. Dans la vallée, on se compte. Nous sommes vingt-deux. Parmi nous, il y a Georges Groussard, confortable maillot jaune depuis la veille. L'ascension de la Turbie ne nous départage pas davantage. Sur le bord de mer, nous commençons à préparer le sprint. Jacques est en tête. Il prend la direction des opérations. Il entre le premier sur le stade. Aussitôt, je le passe et sprinte comme un fou, franchissant la ligne le premier. Je m'apprête à savourer cette victoire, lorsque je me rends compte que mes camarades ne relâchent pas leur effort. Je viens de commettre une erreur énorme. Comme en 1960, dans la course des Boucles de la Seine, j'ai oublié que l'arrivée sur un vélodrome n'est jugée que lorsque les coureurs ont accompli la distance entre l'entrée du vélodrome et la ligne d'arrivée *plus un tour complet*. Et j'ai oublié le tour complet ! Très vite, je rentre dans la course, mais termine à la cinquième place. Et qui remporte l'étape ? Jacques, bien entendu, qui empoche, par la même occasion, une minute de bonification. Il revient à quinze secondes de moi au classement général, alors que le lendemain se court une étape contre la montre, type d'étape dans lequel il excelle.

Le soir, je tarde à m'endormir. Cette erreur me taraude. Je n'ai plus guère que mes yeux pour pleurer, mais il faut que je me concentre sur la suite des événements. Ce que je fais.

Jacques remporte l'étape contre la montre Hyères-Toulon, longue de 21 kilomètres, à la moyenne de 44,784 km/h. Je suis deuxième, à trente-six secondes. Mon adversaire est alors deuxième du classement général, à une minute et onze secondes de Groussard, toujours maillot jaune. Je suis troisième, à une minute et quarante-deux secondes de Groussard, et à trente et une secondes de Jacques. Finalement, rien n'est perdu, je peux encore me rattraper dans la suite du Tour.

Pendant ce temps, la foule grossit de plus en plus sur le bord des routes. Les pancartes vantant mes mérites sont de plus en plus nombreuses. Le public s'amoncelle, le soir, devant l'hôtel où je suis logé. Parfois même, on me demande d'apparaître au balcon et je suis applaudi tel un roi. Chaque matin, Robert Chapatte, le commentateur de l'ORTF, me fait part de la satisfaction de ses employeurs. La télévision, grâce à Jacques et à moi, bat des records d'audience. Je reçois des sacs entiers de courrier, tout comme Jacques. Nous sommes vraiment les grandes vedettes de l'actualité.

Le Tour file maintenant vers les Pyrénées par Montpellier, Perpignan et Andorre. Le classement général ne change pas au cours de ces étapes. Puis l'on observe une journée de repos, que je passe tranquillement, faisant un peu de vélo le matin et restant, le reste du temps, allongé sur mon lit. «Le Tour se gagne au lit», disait Coppi. C'est le moment ou jamais de mettre cette théorie en application. Le soir venu, Antonin Magne me rend sa visite quotidienne. Il s'assied sur le bord du lit, pour me parler des journées à venir. Il me raconte les derniers bruits de la caravane. On dit que Jacques s'est rendu à une fête organisée par Radio Andorre et a fait honneur au méchoui et à la sangria. Connaissant le goût du Normand pour la fête et la bonne chère, nous ne sommes qu'à demi étonnés, mais nous décidons que, dès le jour suivant, la vigilance sera le seul mot d'ordre.

Le lendemain, c'est Andorre-Toulouse, avec le col de l'Envalira au départ. Pour être fin prêt, je vais rouler un peu le matin afin de me présenter bien échauffé sur la ligne de départ. Discrètement, je jette un coup d'œil en direction de Jacques. Effectivement, il a l'œil sombre. Dès le départ, les Espagnols « mettent en route ». Esteban-Martin, Galera, Jimenez, Bahamontès et Manzaneque sont les plus actifs. Je les suis, par esprit de vigilance plus que par souci de distancer Jacques, dont j'apprends qu'il peine à rester au contact du peloton. L'ascension s'effectue dans le calme. Les Espagnols ne procèdent pas par à-coups, mais adoptent un rythme régulier. Soudain, une pensée me traverse l'esprit. Je me souviens que, depuis le départ de Rennes, nous sommes au quatorzième jour de course. Or, peu avant le départ, un faux mage, du nom de Belline, a écrit dans *France Soir* que, ce jour-là, Jacques pourrait être victime d'un événement grave, de nature à entraîner la mort. Or Jacques a toujours cru à l'extraordinaire et il a eu vent de cette prédiction. Est-ce pour cela qu'il peine à l'arrière de la course, alors que moi, en tête du peloton, je chatouille les pédales, laissant les coureurs espagnols assurer la progression vers le sommet.

De temps à autre, Antonin Magne vient me donner des nouvelles de l'arrière. Jacques est en perdition. Son équipier Louis Rostollan est à ses côtés et, en dépit du règlement, l'encourage du geste plus que de la voix – ce qui vaudra, à l'arrivée, quinze secondes de pénalité à Jacques. Je ne tire aucune satisfaction de ce déboire de mon adversaire. Certes, nous sommes rivaux, mais nous avons toujours eu l'un pour l'autre un immense respect. Mais pour l'heure, mon rôle est de suivre les Espagnols. Au fur et à mesure que nous approchons du sommet, le brouillard enveloppe la montagne. Un brouillard épais, dense, qui limite fortement la visibilité. Les spectateurs, recouverts de couvertures, ont allumé des feux pour se réchauffer. Ils nous distinguent à peine. Bahamontès passe en tête au sommet, devant Jimenez. Je prends la troisième place, à dix secondes devant Manzaneque et nous entamons la descente.

La visibilité devient nulle. La route est humide et glissante. Ce n'est pas le moment de prendre des risques, malgré les rageurs coups de klaxon d'Antonin Magne, qui trouve que je ne vais pas assez vite. Mais pour nous diriger, le seul repère que nous apercevons avec difficulté, de temps à autre, est le feu arrière des motards de la Garde républicaine qui nous ouvrent la route. Loin derrière moi, Jacques franchit le sommet. On le dit exsangue, sans forces, au bord de l'abandon, et on ajoute qu'il a même fait mine de descendre de machine.

C'est alors que se produit un événement incroyable. Tout à coup, Jacques retrouve ses forces, son désir de vaincre. Profitant du fait que beaucoup de journalistes sont présents et lui ouvrent la route, bien involontairement, avec leurs feux de voiture, il entame une descente à se rompre les os, ce qui permettra à Antoine Blondin, le soir même, d'écrire : «Jacques Anquetil remonte dans la descente.» Jacques ne tarde pas à rattraper ceux qui l'ont doublé dans la montée. Certains veulent prendre son sillage, mais renoncent bien vite tant l'allure est grande. Au passage, Jacques rejoint Groussard, le maillot jaune, et ses équipiers Anglade, Janssen et Foucher, tous attachés à la sauvegarde de la première place du classement général que Bahamontès et moi menaçons. Anquetil trouve en cette occasion des alliés terriblement efficaces.

Tout ce petit monde se met à rouler et nous rejoint dans la vallée. Nous sommes alors vingt et un en tête. Groussard a trois équipiers autour de lui, Jacques aucun et moi un seul, Robert Poulot. L'arrivée à Toulouse est maintenant proche.

Tout à coup, je ressens une drôle de sensation. Ma roue arrière est voilée. Deux des rayons sont sortis de leur logement. Poulot lève le bras pour avertir Antonin Magne. Au volant de l'autobus, il arrive et, d'un coup d'œil, juge la situation. Le dialogue s'engage.

- Raymond, il faut changer de vélo.

- Ce n'est pas la peine. Il ne reste plus que vingt-huit kilomètres pour aller à l'arrivée. Ça ira.

- Raymond, je vous ordonne de vous arrêter. Ce n'est pas possible. La situation va empirer. Vous risquez la chute.

À contrecœur, j'obéis, me déporte sur le côté droit de

la route et mets pied à terre. D'un violent coup de frein, Antonin Magne est à mes côtés. Le mécanicien Louis Billard, que tout le monde surnomme Loulou, me tend le vélo de rechange. J'en prends possession, m'assieds sur la selle, engage le pied gauche dans le cale-pied et m'apprête à enclencher le mouvement avec le pied droit, mais Loulou est trop pressé. Il n'attend pas que j'aie fini mon geste et me propulse vers l'avant avec trop de vigueur. Je me retrouve à terre, me relève. Je veux réenfourcher ma machine, mais le pédalier est faussé. Impossible de l'utiliser. Je reprends mon premier vélo et tente, tant bien que mal, de rejoindre le groupe avec lequel je courais. Bien entendu, le peloton de tête ne m'a pas attendu. Au contraire, il embraye, redouble de vitesse, trop heureux de voir un candidat à la victoire finale en mauvaise posture. Bientôt, il disparaît de ma vue. Robert Poulot m'aide comme il peut, mais il est fatigué. À ma grande surprise, aucune voiture ne me double, ce qui m'aurait donné un peu plus d'abri au vent.

Lors du changement de machine, le pilote de Jacques Goddet hésite à me dépasser, provoquant un ralentissement dans la file des voitures suiveuses. Raphaël Geminiani, directeur sportif de Jacques Anquetil, et Maurice De Muer, directeur sportif de Georges Groussard, ne sont pas nés de la dernière pluie. Ils stoppent côte à côte, empêchant ainsi tout véhicule de se porter à ma hauteur et de me doubler. Jacques Goddet hisse un drapeau rouge, interdisant ainsi bien sévèrement à toute voiture de me doubler. Je suis désormais livré à mon propre sort. Je retombe alors dans un groupe de coureurs fatigués et peu pressés de rallier l'arrivée. À Toulouse, j'accuse un retard de deux minutes et trente-six secondes sur Jacques Anquetil. J'ai la nette impression d'avoir perdu le Tour à cause d'un malencontreux concours de circonstances, alors que la situation m'était favorable. Pourquoi donc tant de malchance ?

J'accepte ce coup du sort sans me plaindre. Le soir, Antonin Magne vient me réconforter dans ma chambre d'hôtel. Nous mettons au point la tactique du lendemain. « Raymond, il ne faut pas rester sur cet échec. Demain, l'étape arrive à Luchon avec le col du Portillon pour terminer. Vous connaissez ce col par cœur. Il est dans vos cordes. Vous devez y attaquer. Il vous faut frapper un grand coup. » J'acquiesce. Cette journée sur la route de Toulouse me reste en travers de la gorge. Mais je ne peux m'arrêter à ce déboire, alors que les télégrammes de sympathie affluent de toute part, de France, d'Italie, de Belgique, et de bien plus loin encore. De partout, on m'encourage.

Le lendemain, tout au long de l'étape, je pense à ce col du Portillon. Je me remets en mémoire sa dénivellation, ses virages, sa longueur et surtout sa descente, très rapide, d'abord dans la forêt avant la portion de plat descendant conduisant à l'arrivée. Dès le pied du Portillon, je sors du peloton, comme un obus. Je me bats comme un damné, faisant fi de ce qui se passe derrière moi. J'ai mal aux jambes, mais n'y prête aucune attention. Je boucle les trois premiers kilomètres de l'ascension presque au sprint. Pas une fois je ne m'assieds sur la selle pour respirer un peu. Je rejoins et dépasse sans difficulté les échappés. Bien avant le sommet, je suis seul en tête de la course. J'entame la descente. La route n'est pas large, mais elle est sèche. Ce n'est pas l'Envalira, noyé dans le brouillard. Dans cette descente, je déploie autant d'adresse que de dextérité. Je gagne l'étape, devançant Jacques d'une minute et quarante-trois secondes. Je suis maintenant troisième du classement général, derrière Jacques, avec seulement neuf secondes de retard sur lui.

Le soir, à l'étape de Luchon, je me sens heureux, très heureux. Heureux, tout d'abord, d'avoir réagi sereinement après la mauvaise journée de Toulouse. Heureux de n'avoir pas cédé à un découragement annoncé. Heureux aussi d'être parvenu à me surpasser dans la montée et la descente du Portillon, ce qui était difficile. Heureux lorsque Antonin Magne vient me féliciter et me dire que seuls les plus grands agissent comme je l'ai fait. Heureux aussi lorsque j'apprends que Jacques a fait l'éloge de mes qualités devant les journalistes. Heureux enfin lorsqu'un motard de presse, vieil habitué des courses, vient me dire : « Tu m'as épaté dans le Portillon en démarrant aussi vite que Charly Gaul dans le Ventoux. Tu m'as encore épaté dans la descente. Même Fangio, au volant de son bolide, n'aurait pas utilisé des trajectoires aussi belles et aussi précises que les tiennes. »

Le lendemain, c'est Luchon-Pau, avec encore des cols au programme. Je suis fatigué. Si fatigué que j'ai à peine la force de m'alimenter. Bahamontès, avec son numéro habituel, devient deuxième du classement général. Ce n'est pas grave, car voici une nouvelle étape contre la montre.

À Pau, sitôt le repas avalé, je monte dans ma chambre et m'endors aussitôt, pour ne me réveiller que dix heures plus tard. Un vrai sommeil de bébé. J'en ai bien besoin.

Le lendemain, je me sens frais et dispos pour Peyrehorade-Bayonne. 43 kilomètres contre la montre.

La première partie du parcours est favorable à Jacques, avec ses longues lignes droites, mais la deuxième est dans mon registre avec des routes escarpées, faites de montées et de descentes. À 12 kilomètres de l'arrivée, je n'ai que cinq secondes de retard sur Jacques, et suis sûr de faire un meilleur temps que lui. Sur le côté gauche de la route, peu après Briscous, je m'apprête à doubler le Hollandais Geldermans lorsqu'un sifflement m'alerte. Je viens de crever de la roue arrière. Antonin Magne, au volant de «l'autobus», s'arrête aussitôt à mes côtés, sans doute trop vite. Son coup de frein a surpris le mécanicien Loulou qui, le vélo de rechange sur l'épaule, tombe à mes pieds, déséquilibré par la brutalité de l'arrêt. Empêtré dans le vélo de rechange, il cherche à s'en dégager, mais la machine verse dans le fossé. Je vais la chercher moi-même, mais les cales qui, sous mes chaussures, me privent d'appui me gênent pour regagner le goudron. Revenu sur la route, je m'apprête à enfourcher le vélo lorsque je m'aperçois que le guidon est tordu. Je redresse la machine, cale la roue entre mes jambes et remets le tout d'aplomb. La chaîne est sortie de son logement, Loulou la remet aussitôt en place. Toujours aussi vite, je repars. Comme d'habitude, j'enclenche le pied gauche dans le cale-pied et veux faire de même avec le pied droit. Première tentative ratée. Deuxième tentative ratée. La troisième, enfin, est la bonne, mais que de temps perdu…

À Bayonne, Jacques gagne l'étape en me devançant de trente-sept secondes. Compte tenu des bonifications, je me retrouve deuxième du classement général, derrière

Jacques, nouveau maillot jaune, avec un retard de cinquante-six secondes. Une fois encore, j'ai l'impression d'être maudit. Sur le moment, j'en suis même intimement convaincu. Quarante ans plus tard, je n'ai pas tout à fait changé d'avis. Chaque incident se transforme pour moi en catastrophe. Pourquoi donc une crevaison, l'événement le plus banal en cyclisme, me fait-elle perdre le Tour de France ? J'ai perdu ce Tour 64 lors de cette étape. Si j'avais été vainqueur à Bayonne, tout aurait certainement été changé. J'en suis sûr !

Mais le Tour, lui, n'a que faire des réflexions. Il se poursuit. Étape à Bordeaux et à Brive, avant l'arrivée au sommet du Puy de Dôme. À Brive, sur la place de la Guierle, avant le départ, Antonin Magne va faire un tour vers l'équipe Margnat. Il y retrouve Raoul Remy, le directeur sportif de Federico Bahamontès, son vieux copain. Ils discutent de mille petites choses. Sans avoir l'air de rien, Magne jette un coup d'œil au vélo de Bahamontès et se rend compte qu'il a fait adopter un développement bien inférieur à celui qui est en place sur le mien. Immédiatement, mon directeur sportif fonce sur moi.

- Raymond, avez-vous reconnu le Puy de Dôme, comme vous me l'aviez promis ? Il est tout de même curieux que votre braquet soit si éloigné de celui de Bahamontès.

- Monsieur Magne. Je n'ai jamais reconnu cette ascension. Je n'ai pas eu le temps. Ce col, je ne le connais pas.

Antonin Magne blêmit et ordonne à Loulou, bonne pâte, de changer *illico* les braquets de ma machine.

L'étape commence. Je veux gagner. La tactique de Jacques est simple. Il s'agit de favoriser le maximum d'échappées afin que leurs auteurs bénéficient des bonifications en temps accordées à l'arrivée. De ce fait, de nombreux coureurs adoptent une attitude offensive et, avec mon équipe, nous nous devons de «faire le boulot», de colmater les brèches creusées par les moins fatigués. Toute médaille ayant son revers, je commence moi aussi à sentir les effets de la fatigue. Et lorsque Bahamontès et Jimenez, les deux coureurs espagnols, se détachent au pied de l'ascension auvergnate, je ne peux les suivre.

Entre Jacques et moi, s'engage alors, sur les pentes du Puy de Dôme, le duel qui marquera à jamais l'histoire du Tour de France. Un duel qui a largement contribué à forger notre célébrité, déjà grande pourtant. Nous sommes le 12 juillet. Il fait un temps magnifique. La gendarmerie évalue à 500 000 le nombre de spectateurs présents sur les routes empruntées au cours de cette étape. La montée du Puy de Dôme est très caractéristique. Cinq kilomètres à 7 % à partir de Royat, puis un petit kilomètre de faux plat, et cinq kilomètres d'une pente moyenne de 13 % : soit une ascension totale en trois paliers, pour un total d'un peu moins de onze kilomètres.

Jimenez et Bahamontès ouvrant la route, nous nous retrouvons vite, Jacques et moi, en tête du peloton des poursuivants, et bientôt seuls derrière les deux Espagnols. S'engage alors notre terrible bras de fer, rendu ô combien célèbre par les images télévisées et des centaines de photographies. De leur côté, les reporteurs de radio s'égosillent avec un bel enthousiasme. Avec Jacques, nous grimpons, côte à côte. Lui du côté de la roche, moi du côté du précipice. Nous progressons au milieu d'un tintamarre assourdissant. Les spectateurs hurlent leur joie, crient, vocifèrent, s'époumonent. Jamais ils ne nous ont vus de si près. Parfois, leur nombre est si important que nous avons du mal à progresser régulièrement vers l'arrivée.

Sans nous adresser le moindre regard, Jacques et moi poursuivons notre ascension. Il nous arrive parfois de nous retrouver épaule contre épaule. J'entends son souffle. Il entend le mien. Au hasard d'un coup de pédale plus violent, Jacques met sa roue avant devant la mienne, comme pour montrer qu'il est le meilleur. Aussitôt je rétablis la situation et place ma roue avant devant la sienne. Aucun de nous deux ne veut céder. C'est une question de suprématie, c'est une question d'honneur. L'ascension nous semble terriblement longue. À un peu plus d'un kilomètre de l'arrivée, Jacques perd un mètre, puis deux, puis trois. Il rétrograde. Comme je peux, c'est-à-dire avec difficulté, je file vers l'arrivée. J'accuse la fatigue d'une étape difficile, au cours de laquelle je n'ai pas été ménagé. Je termine troisième. Jacques est cinquième, doublé à cinq cents mètres de l'arrivée par l'Italien Vittorio Adorni. Je reprends donc quarante-deux secondes à Jacques et deviens deuxième du classement général avec seulement quatorze secondes de retard sur lui, qui conserve le maillot jaune.

À peine arrivés au sommet du Puy de Dôme nous éprouvons, l'un et l'autre, le besoin de souffler. Cet effort nous a marqués. *A posteriori*, je regrette de n'avoir pas eu le temps de reconnaître cette ascension. Et Antonin Magne partage ce sentiment. À ma décharge, je dois dire que j'ai eu, avant le Tour, un emploi du temps de ministre. Entraînement poussé, participation à des critériums auxquels il m'était difficile de me soustraire… Pour l'heure, je pense surtout à dormir. La journée a été rude, très rude. Quant à Jacques, j'apprends qu'il est aussi fatigué que moi et qu'il n'a confié que deux phrases, deux phrases seulement à son directeur sportif : « Ce Poulidor, il en a dans le ventre. Si Poulidor avait pris le maillot, je rentrais directement chez moi. »

Il ne reste plus désormais que trois étapes pour rallier le Parc des Princes, soit 458 kilomètres. Dans la longue étape Clermont-Ferrand-Orléans (311 kilomètres), nous restons, Jacques et moi, au sein du peloton et terminons à plus de dix minutes du vainqueur de l'étape, l'équipier de Jacques, Jean Stablinski. Le lendemain matin, nous ne pensons l'un et l'autre qu'à la demi-étape de l'après-midi, celle qui va nous départager définitivement.

Durant toute cette dernière épreuve, toujours sans échanger le moindre propos, nous roulons presque roue dans roue, à tel point que je me classe à Versailles à la quarante-neuvième place et Jacques à la cinquantième.

Entre les deux étapes, à Versailles, toutes les équipes sont logées dans des écoles. Je suis à l'école Vauban. J'ai à peine le temps de regarder les salles de classe, de me souvenir de l'école de Sauviat-sur-Vige, de mon instituteur Monsieur Vialeville. Je ne pense qu'à me concentrer. Tout d'abord, un repas m'attend. Jambon, œufs, salade, fruits et eau minérale. Ensuite, c'est repos, massage et échauffement.

À 16 heures 47 minutes et 30 secondes, je prends le départ de cette ultime étape, avenue de Paris. Je connais le parcours par cœur. Versailles, Jouy-en-Josas, Chaville, Meudon, Sèvres, le long boulevard de la Reine, à Boulogne-Billancourt, et enfin le Parc des Princes. J'utilise un vélo spécial sur lequel Loulou a monté deux boyaux de soie marqués « 11 janvier 1963 » : c'est le jour où je les ai achetés ; je les réservais pour une grande occasion ! J'ai fait mes calculs avec Antonin Magne. Compte tenu des bonifications, si je gagne cette étape avec deux secondes d'avance, je gagne le Tour.

Dès les premiers tours de roue, je sais, je sens que tout va bien. Une foule d'une densité considérable me pousse à réaliser un exploit. J'entends ses cris, ses applaudissements. Je progresse vers l'arrivée entre deux haies ininterrompues de spectateurs. Il doit en être de même pour Jacques, parti à 16 heures 50, soit 2 minutes 30 secondes après moi. Des pointages sont organisés. J'apprends que Jacques me devance de deux secondes après 1 200 mètres de course, et de douze secondes à mi-parcours et que je me rapproche à trois secondes au pont de Sèvres, à trois kilomètres de l'arrivée. Mais ces trois derniers kilomètres, constitués d'une route uniformément plate, sont beaucoup plus favorables à Jacques qu'à moi.

À 17 heures 25 minutes et 2 secondes, je franchis la ligne d'arrivée. Mon temps s'inscrit sur le tableau d'affichage : 37 minutes 31 secondes. Ce n'est pas le meilleur temps, puisque Altig a réalisé 37 minutes 25. J'attends Jacques. Il coupe la ligne à 17 heures 27 minutes et 10 secondes. On m'annonce déjà que j'ai gagné. C'est à cet instant que s'affiche le temps de Jacques : 37 minutes 10 secondes. Je suis battu de 21 secondes.

Le hasard veut qu'au quartier des coureurs, envahi par les journalistes et les officiels, sur la pelouse du Parc des Princes, nous nous trouvions face à face, Jacques et moi. D'un même mouvement, nous nous précipitons l'un vers l'autre pour nous donner une longue accolade. La foule du Parc des Princes nous applaudit à tout rompre et sa joie explose lorsque, ensemble, nous effectuons le traditionnel tour d'honneur.

Je réponds aux nombreuses questions des journalistes : « Cette deuxième place n'est surtout pas un déshonneur. J'ai tout donné pour battre un Jacques Anquetil qui remporte le Tour pour la cinquième fois. C'est un record qui sera difficile à battre. Il me reste encore cinq ans pour gagner le Tour. » De son côté, Jacques déclare : « Je suis heureux qu'au cours de cette dernière étape, tout ait été limpide, et qu'aucun incident n'ait entravé la marche de l'un et de l'autre. Ma fierté est d'avoir battu un très grand champion dans le Tour le plus difficile que j'ai connu. »

Durant tout ce Tour de France, je me suis rendu compte de la ferveur du public de plus en plus nombreux, jour après jour, sur le bord des routes. L'abondance du courrier reçu m'indique combien mes supporters sont nombreux. Il doit en être de même pour Jacques, et j'associe cet engouement au fait qu'au cours de cette épreuve, nous nous sommes livré une bataille aussi intense que loyale. C'est le seul secret de notre popularité.

Le lendemain, au déjeuner, je m'accorde une petite entorse au régime habituel : melon, viande rouge et frites – les premières depuis six mois –, fromages, pêche melba, un peu de vin et du champagne – trois coupes ! Je lis la presse. J'apprends que les cinquante-cinq secondes qui me séparent finalement de Jacques ne représentent que 539 mètres. Cela me laisse songeur. 539 mètres d'écart seulement après une course de 4 504 kilomètres. C'est vraiment peu.

Je lis Antoine Blondin, devenu mon « pays » depuis qu'il s'est installé, en partie du moins, à Linards ; c'est lui qui m'a confié, un jour, qu'il écrivait sous la dictée du Tour. Son article est éloquent :

« Nous roulions entre Poulidor et Anquetil, siamois sublimes reliés par une membrane invisible qui tantôt se dilatait, tantôt se rétrécissait, imprimant à notre équipage les soubresauts mêmes de la plus exaltante des vies. Prisonniers entre nos deux champions, dont l'un nous talonnait et l'autre nous distançait, enserrés par des milliers de grappes humaines entre lesquelles notre pilote, l'admirable Jean Farges, se traçait le plus talentueux des chemins, nous nous sentions libérés, comme on peut l'être par le coup d'envoi d'un match de rugby ou le pistolet d'un starter. Et force nous est d'avouer que l'angoisse croissante qui nous avait étreints entre midi et trois heures était exactement celle qui prélude au spectacle d'une finale olympique.

Sans doute les exploits indissociables d'Anquetil et de Poulidor tirent-ils une partie de leur grandeur du fait qu'ils reposent sur l'exercice extrêmement méticuleux de leur profession. Mais il y avait de l'amateurisme et de la gratuité dans le duel qui les opposa, le temps d'un goûter de soleil. L'accolade qu'ils se donnèrent ensuite, le tour d'honneur où ils se voulurent confondus, n'étaient pas de ceux de millionnaires âpres au gain, célébrant une bonne affaire ; ils dégageaient au contraire un parfum attaché aux athlètes que la pureté de la lutte a portés au-dessus d'eux-mêmes. »

Dans la même page, Jacques Goddet, le directeur du Tour, intitule son éditorial « L'ex æquo virtuel » et le termine ainsi : « Quant à notre Poupou, modèle de loyauté, de droiture, garçon fruste qui n'a eu besoin d'autres leçons que celles que lui ont données, par leur exemple, les gens de cette campagne de France où il a été élevé, pour se comporter avec une éducation de gentillesse, il a perdu un Tour et gagné une réputation. Il sort de l'épopée, lui, le modeste Creusois, enveloppé dans le péplum des héros antiques. »

Tout est dit. Je suis heureux. Très heureux.

Chapitre IX

MES CHAMPIONNATS DU MONDE

De 1960 à 1977, je participe à tous les Championnats du monde. Dix-huit ans durant, je suis chaque année sur la ligne de départ, revêtu du maillot de l'équipe de France. Plusieurs fois, je frôle la victoire. Mais chaque fois, je suis battu au sprint par des coureurs plus rapides que moi. Manque de chance ? Alors que je suis bon grimpeur, pas un seul des Championnats que je dispute ne se termine par une arrivée en côte. Si cela avait été le cas, j'aurais sans doute eu une chance de porter, au moins une fois, le maillot de champion du monde.

Au cours de ces dix-huit ans, j'ai eu tout loisir de vivre la transformation qui s'est opérée au sein de l'équipe de France. Jadis livrée à elle-même, elle a été de plus en plus encadrée au point d'être devenue aujourd'hui une véritable équipe professionnelle.

J'ai raconté, un peu plus haut, les conditions dans lesquelles j'ai rejoint, en 1960, la ville de Karl-Marx-Stadt pour disputer mon premier Championnat du monde, et comment, le matin même de la course, j'ai dû jouer au mécanicien. Tous ces Championnats, cependant, ne m'ont pas laissé un souvenir inoubliable. Mais certains resteront à jamais gravés dans ma mémoire. Celui de 1966, en particulier, a sans aucun doute été l'un des grands moments de ma carrière de coureur. Mais d'autres m'ont également marqué.

1960 : ma première sélection

Cette sélection a lieu alors que je n'ai pas encore terminé ma première année chez les professionnels et elle est accueillie par des commentaires flatteurs. Ainsi Louison Bobet déclare-t-il : « Dans le cyclisme, il y a ceux qui promettent et ne tiennent pas. Ce n'est pas le cas de Raymond Poulidor. À mon avis, c'est le plus sûr espoir du cyclisme français. Au Championnat du monde, il peut fort bien faire un malheur. » Raphaël Geminiani n'est pas en reste : « Être sélectionné au Championnat du monde, c'est déjà un bâton de maréchal pour un jeune homme venu depuis peu au cyclisme professionnel. Arriver dans le cyclisme, c'est facile. S'y adapter et s'y maintenir, c'est beaucoup plus difficile. Poulidor s'est adapté. Il va se maintenir de façon éclatante. »

Le circuit proposé à Karl-Marx-Stadt* ne présente pas de grande difficulté. Il est long de près de neuf kilomètres et nous devons le parcourir trente-deux fois, soit une distance totale de 280 kilomètres. Nous sommes soixante-sept sur la ligne de départ, dont huit Français.

---

* Le récit du voyage de Raymond Poulidor jusqu'à Karl-Marx-Stadt se trouve page 40.

J'applique les consignes d'Antonin Magne, à savoir de ne pas me laisser impressionner ni par le décor, ni par ceux qui se disent supporters ou amis et qui viennent nous frapper le dos avec violence en guise d'encouragement. J'ai décidé de faire cette course comme s'il s'agissait des Monédières, c'est-à-dire de ne me montrer qu'au tout dernier moment.

Peu après la mi-course, l'équipe de France provoque une première vraie sélection. À quatre tours de l'arrivée, Marcel Rohrbach, Jean Graczyk et moi-même faussons compagnie au peloton et portons rapidement notre avance à deux minutes. Nous sommes à moins de trente kilomètres de l'arrivée. C'est alors que le boyau de ma roue arrière quitte son logement. Est-il mal collé ? Nul ne le saura jamais. Toujours est-il que je dois me rendre au poste de matériel pour acquérir une roue neuve avant de reprendre place dans le peloton. De ce fait, je laisse Rohrbach et Graczyk lutter seuls contre le retour du peloton et ne peux m'empêcher de penser qu'à trois, il aurait été beaucoup plus facile de passer la ligne d'arrivée en évitant le retour du peloton. À deux tours de la fin, le regroupement est inévitable. Nous sommes dix-neuf à composer le groupe de tête. Chacun prépare son sprint. Je ne sais pas trop où me placer. Les Belges, rompus à ce genre d'exercice, préparent avec habilité le déboulé final de Rik Van Looy qui acquiert ainsi son premier titre mondial devant notre ami André Darrigade. Pour ma part, je suis cinquième et m'estime tout à fait satisfait de mon sort. Cependant, mes pensées vont vers ce maudit boyau qui a choisi le plus mauvais moment pour me causer des soucis.

1961 : la première médaille de bronze

En 1961, l'épreuve mondiale se dispute en Suisse, à Berne. Le circuit proposé est celui de Bremgarten, là où en 1936, mon directeur sportif, Antonin Magne, est devenu champion du monde. Magne m'a souvent raconté comment, à l'issue d'une échappée qui avait pris corps dès la première heure de course, il avait triomphé avec près de dix minutes d'avance sur son suivant immédiat, l'Italien Bini.

En 1961, l'équipe de France offre un éventail de bons coureurs, en particulier Louison Bobet, Jacques Anquetil et moi. La presse française voit en moi le coureur qui possède les plus grandes chances de s'opposer aux Belges, surtout à Van Looy. Ce dernier s'est vu proposer par sa fédération une équipe entièrement bâtie selon ses désirs. Van Looy ne néglige rien pour conserver son titre. L'avant-veille de la course, il s'impose une sortie d'entraînement de 280 kilomètres comprenant l'ascension du Saint-Gothard. Pour ma part, je prends mes précautions. Arrivé en avance, j'étudie le parcours avec minutie. Il comprend deux côtes, dont la dernière, Studerstein, n'est située qu'à deux kilomètres de l'arrivée.

La veille de notre course, les Français Jourden, Belena et Gestraud ont pris les trois premières places du Championnat amateur. L'ambiance est à la joie au sein des équipes de France. Passé le cap du centième kilomètre, la course prend tournure. Nous nous retrouvons vingt-six en tête, dont quatre Français : Anquetil, Stablinski, Cazala et moi. Dans l'ultime ascension de la première côte du circuit, celle de Glasbrumen, je provoque une sélection en accélérant avec force. Nous ne sommes plus que seize en tête. Dans la dernière ascension, je jette toutes mes forces dans la bataille. Mais Van Looy, qui se doute de mon intention, annihile mon offensive. Stablinski, lui aussi, porte une attaque. Van Looy est immédiatement sur ses talons. Le sprint va donc nous départager. Les Belges, comme l'an dernier, le préparent avec minutie. Van Looy l'emporte. Je monte sur le podium à la troisième place.

Tout de suite après avoir franchi la ligne d'arrivée, Van Looy s'arrête et manque de tomber. Sous la violence de son coup de pédale plusieurs rayons de sa roue arrière se sont brisés. À peine a-t-il mis pied à terre que sa roue s'effondre. Il s'en est même fallu de cinq mètres pour qu'il ne soit pas champion du monde. Il faut parfois un petit coup de pouce de la chance pour acquérir une victoire de renommée internationale.

1963 : la victoire amère de Benoni Beheyt

Si j'ai gardé en mémoire le Championnat du monde 1963, ce n'est pas en raison de mon classement – cinquième –, mais parce que je suis aux premières loges pour assister au sprint victorieux du Belge Benoni Beheyt, un sprint qui lui causera par la suite beaucoup plus de désagréments que de satisfactions.

Cette année-là, le Championnat du monde a lieu à Renaix, en Belgique. Rik Van Looy, déjà deux fois champion du monde, n'a qu'un seul désir : le devenir une troisième fois. L'équipe de Belgique est constituée de coureurs de valeur à qui on ne demande rien d'autre que d'aider Van Looy à l'emporter. Le circuit proposé est tout à fait dans ses cordes. Peu de côtes, excepté le Kruisberg, un secteur pavé de 2,2 kilomètres. En prévision d'un sprint massif, l'arrivée est jugée à l'extrémité d'une large avenue plate, longue de 500 mètres. Même les conditions météorologiques sont favorables aux Belges. Un vrai temps « flandrin » avec du vent, de la pluie, de la brume et un ciel très bas qui donne au décor des couleurs sombres.

Toute la journée, les Belges doivent contrer les offensives des membres des équipes de France et d'Italie, quand ce ne sont pas les Hollandais ou les Allemands qui, eux aussi, attaquent avec résolution.

Dans le dernier tour, nous sommes quatre à tenter notre chance : Anquetil, les Hollandais Post et Janssen et moi. Le Britannique Simpson n'est rejoint qu'à un kilomètre de la ligne. Nous sommes alors vingt-neuf à disputer le sprint final.

Quand j'y repense, je crois revoir toute la scène et, quarante ans plus tard, je n'ai pas changé d'avis : Beheyt est le plus fort. Lorsque j'attaque une première fois, à un tour et demi de la fin, il est le seul à me rejoindre et quand je lui fais signe de prendre le relais, il me répond : « Non, j'ai donné ma parole à Van Looy. Je ne peux prendre aucun relais. » Cette année-là pourtant, il marche très fort : il a, par exemple, remporté la course Gand-Wevelgem et obtenu des places d'honneur dans toutes les classiques. Toujours est-il que lorsque le sprint se met en place, Van Looy et Beheyt se trouvent tout naturellement aux premières places du groupe. Van Looy attaque le sprint en tête. Mais, à 200 mètres de la ligne, il faiblit. Il aperçoit alors sur sa gauche Beheyt, qui s'apprête à le doubler. Van Looy se déporte vers son compatriote et donne l'impression de vouloir le tasser contre la balustrade. Pour éviter la chute, Beheyt de la main droite repousse Van Looy, le passe, franchit la ligne le premier et est champion du monde. Van Looy est deuxième, Darrigade quatrième et moi cinquième.

Il s'ensuit alors une scène étrange. Le public, au lieu de manifester sa joie de voir triompher l'un des siens, ne réagit pas. Au contraire, ce n'est que tristesse chez les spectateurs. Leur idole, qu'ils surnomment « Rik Ier, empereur du cyclisme », est battue sous leurs yeux. Le visage de Van Looy se ferme. Sur le podium, son visage reste de marbre. À ses côtés, Beheyt, pourtant vainqueur, n'ose esquisser le moindre sourire. Quant au Hollandais De Haan, troisième au classement, il semble se demander quel rôle on lui fait jouer au milieu de coureurs enfermés dans un imperturbable mutisme et une infinie tristesse.

Van Looy n'a jamais pardonné à Beheyt sa victoire, le public non plus. Sur le coup, tous ont l'air de considérer que Beheyt a commis la pire des infamies, le plus grand crime de lèse-majesté de l'histoire. L'affaire donne d'ailleurs lieu à une polémique, longtemps entretenue par la presse belge. Pour les uns, Beheyt a renié sa parole. Pour les autres, la faute incombe à la fédération qui aurait dû éviter de tout miser sur Van Looy – attitude par ailleurs méprisante à l'égard des employeurs de Beheyt qui, depuis de longues années, alimentent financièrement le cyclisme belge.

Benoni Beheyt n'a jamais pu profiter par la suite de son titre mondial. Toutes les portes se sont fermées devant lui. Tout a été fait pour qu'il ne gagne plus aucune course. Et pourtant, c'est un remarquable coureur, qui revêtu du maillot arc-en-ciel, finit à la deuxième place du Tour des Flandres et de Paris-Roubaix. Rejeté du cyclisme dès la fin du Tour 65, qu'il termine à la quarante-septième place, il participe encore pendant trois ans à des épreuves dans de toutes petites équipes, avant de se retirer définitivement de la compétition en 1968.

Le cyclisme est parfois d'une grande cruauté.

1964 : la médaille de Sallanches

Cette année-là, l'équipe de France n'est pas très unie. La course a lieu à Sallanches, en France. Henri Anglade est sur le point d'être champion du monde lorsqu'il est rejoint, à l'amorce du dernier tour, alors qu'il est pratiquement en tête depuis le début de l'épreuve. Dans la dernière ascension de la côte de Passy, je morcelle le peloton. Seul, l'Italien Vittorio Adorni me suit. Je refuse de le relayer, afin de préserver mes forces pour le sprint final avec Adorni que je compte bien battre. Je ne prends aucun risque dans la descente sinueuse qui conduit à l'arrivée : il pleut, la route est glissante et les risques de chute sont considérables. Faisant fi du danger, certains membres de l'équipe de France roulent comme des fous pour me rejoindre, ce que seul réussit à faire le Hollandais Jan Janssen. J'attaque le sprint en tête aux 300 mètres. Mais à 200 mètres de la ligne d'arrivée,

Janssen me dépasse. Il est champion du monde. Adorni est deuxième. Je suis une nouvelle fois troisième. Un premier groupe avec Jacques Anquetil termine à six secondes. Une fois de plus, j'ai frôlé la victoire. D'amers regrets m'envahissent au moment où l'on me remet la médaille de bronze.

1966 : le pacte des Monédières

L'ambiance au sein de l'équipe de France se dégrade de plus en plus. Et si nous participons au Championnat du monde, c'est parce qu'il nous est absolument impossible de nous en dispenser.

Mais la mauvaise atmosphère qui règne dans l'équipe en affecte sérieusement les résultats. Ainsi, en 1965, à Lasarte, en Espagne, certains membres de la délégation française ne sont-ils arrivés sur le lieu de l'épreuve que quelques heures avant le départ. Aussitôt leur pensum terminé, ils sont repartis. Durant la course, la mésentente est si grande entre les coureurs que Jacques Anquetil et moi abandonnons la compétition au douzième des quatorze tours, alors que notre retard sur la tête de la course dépasse le quart d'heure. Au cours de cette épreuve, sur les huit coureurs français au départ, quatre seulement franchissent la ligne d'arrivée : Stablinski à cinq minutes du vainqueur, l'Anglais Simpson ; Foucher, Bellone et Groussard à treize minutes. L'équipe de France n'a donc joué aucun rôle dans la course.

L'année 1966 ne se présente pas sous de meilleurs auspices. En début de saison s'est couru Paris-Nice, dans lequel les circonstances de la victoire finale de Jacques Anquetil ont fait l'objet d'une intense polémique. Puis, lors du Tour de France, ce n'est qu'avec la certitude que je ne suis plus en mesure de l'emporter et que la victoire de son équipier Lucien Aimar semble assurée que Jacques se retire. Dès la fin de l'épreuve, j'annonce donc que si la composition de l'équipe de France est la même que les années précédentes, je renonce à la sélection.

Aussitôt, c'est le branle-bas de combat.

Les dirigeants de Ford, c'est-à-dire les patrons de Jacques Anquetil, font savoir qu'ils ne veulent pas entendre parler d'une entente entre Anquetil et Poulidor sous le maillot de l'équipe de France : ils estiment en effet que ni l'un ni l'autre des coureurs n'est tenu de favoriser une victoire qui serait remportée au détriment de l'employeur de l'adversaire, de ce fait automatiquement lésé. Mon patron, Émile Mercier, abonde dans ce sens. Ford et Mercier vont même plus loin : ils se déclarent tout à fait prêts à interdire à leurs coureurs de participer à l'épreuve mondiale.

Le public commence à gronder : comment le titre mondial pourrait-il être disputé en l'absence d'Anquetil et de Poulidor, qu'il considère comme les deux meilleurs coureurs du monde ?

L'affaire s'envenime encore lorsque Jacques précise à la presse : « Si Raymond Poulidor ne participe pas au Championnat du monde, je déclare forfait moi aussi. Il n'est pas question que j'endosse seul la responsabilité d'un éventuel échec. »

La situation semble être dans une impasse. Elle va se débloquer grâce à l'intervention des principaux intéressés, les coureurs. Marcel Bidot, directeur technique de l'équipe de France, commence par intervenir auprès de nous. Il est coutumier des conflits, car c'est lui, en particulier, qui a dû gérer ceux de Louison Bobet avec Raphaël Geminiani. L'un après l'autre, au hasard de notre tournée des critériums, Bidot vient donc nous voir. À Jacques, qui a toujours du mal à se faire aimer du public malgré son palmarès, il explique que seule une attitude loyale vis-à-vis de l'équipe de France peut lui faire gagner le cœur des foules. À moi, il fait reconnaître que la farce a assez duré et me convainc de définir les règles du jeu le plus rapidement possible. Jacques accepte.

Cet accord qui nous lie fait taire les polémiques. En composant l'un et l'autre, nous choisissons la voie de la sagesse. Comme par enchantement, les passions s'apaisent. Ford et Mercier ne prennent plus la parole. Ils nous font confiance. En outre, notre attitude positive, constructive, simplifie considérablement la tâche de Marcel Bidot : en effet, de nombreux coureurs se disent sur le point de décliner la sélection si Jacques et moi ne participons pas aux Championnats du monde.

Bidot met au point un protocole d'accord entre Jacques et moi. De Château-Chinon, où il me rend visite pour finaliser notre entente, il file à Treignac où se trouve Anquetil. Il nous donne ensuite rendez-vous aux Monédières, quarante-huit heures plus tard, puisque Jacques et moi devons tous deux participer au Bol d'Or.

Le rendez-vous est fixé en fin de matinée chez Jean Ségurel, l'organisateur de l'épreuve. À 11h20 précises, Je pénètre avec Jacques dans la villa de Ségurel. Jean Stablinski, qui a accepté de jouer le rôle d'élément modérateur, nous accompagne. Marcel Bidot nous attend dans une pièce du premier étage. Un quart d'heure plus tard nous ressortons tous les quatre, le sourire aux lèvres. « Le pacte des Monédières » est conclu.

Marcel Bidot n'a pas manqué de nous rappeler les grands gestes d'amitié et de chevalerie de l'histoire du cyclisme : Charles Pélissier aidant André Leducq, victime d'une chute dans le Galibier, à gagner le Tour 1930 ; René Vietto sacrifiant ses chances au profit de son leader Antonin Magne ; Gino Bartali donnant sa roue à Fausto Coppi dans le Tour 1949, etc. Bidot souligne notamment que les coureurs qui ont adopté une attitude de «secouriste» en ont retiré soit une plus grande popularité, tels Pélissier et Bartali, soit une notoriété qui ne les a pas quittés, comme René Vietto.

Jacques et moi mettons au point notre plan de bataille : durant les deux premiers tiers de la course, nous nous entraiderons et ne tenterons rien qui puisse nuire à l'équipe de France. Pour les cinquante derniers kilomètres, ce sera chacun pour soi ; mais le mieux placé de nous deux sera protégé par l'ensemble de l'équipe. Marcel Bidot nous soumet alors la liste des présélectionnés. Outre nous deux, elle comprend Lucien Aimar, Robert Cazala, Jean Stablinski, Georges Groussard, Roger Pingeon et Michel Grain. Cette liste nous convient de même que, plus tard, les remplacements de Pingeon et de Grain par Désiré Letort et Jean-Claude Theillière nous conviendront aussi.

Puis vient le temps des déclarations officielles à la presse. «Je crois à la loyauté de Raymond Poulidor. Jacques Anquetil ne peut gagner le cœur des foules que s'il joue le jeu de l'équipe de France. C'est pour lui, un point de passage obligé», annonce Marcel Bidot. «Cette formule me convient. Elle laisse sa chance à chacun. Ce pacte est indispensable. Je suis prêt à aider, à favoriser Raymond Poulidor s'il se trouve dans une échappée et cela pour le bien de l'équipe de France», promet Jacques. Quant à moi, je déclare : «Nous sommes maintenant, Jacques et moi, liés par la parole donnée. J'ai une totale confiance.» Les flashes des photographes crépitent. Personne n'a besoin de nous demander de nous serrer la main. Nous le faisons franchement et naturellement. C'est la première fois depuis Paris-Nice.

L'équipe de France est rassemblée dans l'hôtel d'un petit village, Daun, à quelques kilomètres du circuit. Seul Jacques Anquetil ne loge pas avec nous. Il est l'hôte personnel de Rudy Altig, son ancien équipier, qui habite la région.

Sur la ligne de départ, les soixante-quatorze coureurs que nous sommes représentent treize nations. Tous arborent de splendides maillots, à l'exception des Français. L'intendance, une fois de plus, n'a pas suivi. Les maillots neufs sont restés à Paris. Nous sommes contraints de revêtir de vieux maillots retrouvés, sans doute, au fond d'une malle de matériel.

Le circuit proposé est d'une difficulté exceptionnelle. Il avait déjà été retenu pour le premier Championnat du monde, en 1927. Tout le monde s'accorde à dire qu'il est, de loin, le plus sélectif de l'histoire. De plus, situé au cœur du massif allemand de l'Effel, couvert de conifères, il est souvent plongé dans le brouillard. La foule des spectateurs, cependant, répond à l'appel des organisateurs. Ils sont plus de 200 000 à se grouper sur le bord de la route.

Entre Jacques et moi, le sentiment de respect est absolu. Aucune des échappées qui se développe ne menace l'équipe de France et nous n'avons donc pas besoin de déployer nos talents.

Voici maintenant les cinquante derniers kilomètres. Le pacte a pris fin. Nous nous neutralisons. Je ne m'adresse pas à Jacques, pas plus qu'il ne s'adresse à moi. Et pourtant, si je lui dis : « Jacques, je me sacrifie pour toi », il devient champion du monde. Et s'il me dit : « Raymond, je me sacrifie pour toi », je suis champion du monde. Mais nous ne nous sommes pas parlé. À l'époque, il est hors de question que l'un aide l'autre à gagner le titre mondial. Notre rivalité est trop forte, trop puissante. Entre nous, c'est une question d'honneur.

Jacques et moi sommes donc ensemble pour ces fameux cinquante derniers kilomètres. Au début du dernier tour, nous sommes encore sept à composer le groupe de tête. Je me détache, suivi de Stablinski et de deux Italiens, Zilioli et Motta. Nous sommes rejoints. À sept kilomètres de l'arrivée, grande surprise ! Rudy Altig, malade en début de course et annoncé loin de nous, rejoint le groupe de tête en compagnie de Lucien Aimar. Dans la dernière côte, celle de Döttingen, à cinq kilomètres de l'arrivée, je porte une violente offensive. Mais je suis bientôt rejoint par Motta qui, au lieu de poursuivre son effort, ralentit, condamnant ainsi mon attaque. Je songe alors que Motta est, tout au long de l'année, le coéquipier habituel de l'Allemand et qu'il entend protéger une éventuelle victoire d'Altig au sprint. Cependant, à un kilomètre de la ligne d'arrivée, Motta attaque encore. Je me bats comme un lion pour le rejoindre. Je suis dans son sillage à 500 mètres de la ligne, au bord de l'asphyxie tant je me suis démené. Je suis contraint de reprendre mon souffle. Altig en profite pour me dépasser. Jacques également. Altig est champion du monde. Jacques est deuxième. Je suis troisième.

Ainsi, devant son public, Rudy Altig obtient-il un titre mondial qui ne lui serait pas revenu dans d'autres circonstances, car le plus fort n'était pas lui. Le titre, selon toute probabilité, devait échoir à l'équipe de France, à Jacques ou à moi. Mais la rivalité entre nous est alors telle qu'il nous est impossible de nous entendre durant toute une épreuve.

À l'arrivée, Jacques est très dépité d'être passé, lui aussi, à côté du titre. De rage, il ne se présente pas au podium pour la cérémonie protocolaire et je félicite seul Rudy Altig devant le public venu nous applaudir.

L'histoire se termine de curieuse façon. Pour la première fois dans un Championnat du monde, l'Union cycliste internationale diligente un contrôle médical après l'arrivée. Je me rends au local prévu à cet effet. Le médecin qui doit effectuer le prélèvement est absent et introuvable. Étonné d'une telle désinvolture, je regagne mon hôtel. Lorsque Altig et Anquetil, beaucoup plus tard, se présentent enfin devant le médecin qui a réapparu, ils ne peuvent fournir le liquide organique demandé. Très ennuyée, l'Union cycliste suspend tout le monde, y compris moi, avant, quelques jours plus tard de renoncer à sa démarche. La lutte antidopage commence bien mal !

1970 : un boxeur des Bahamas au départ

Si certains Championnats du monde ne m'ont laissé que des souvenirs diffus, ce n'est guère le cas de celui disputé en Angleterre, en 1970, à Leicester. Sur la ligne de départ, l'Union cycliste internationale – dont on répétait volontiers à l'époque que le cyclisme était une chose trop importante pour elle – autorise la participation d'un représentant des Bahamas. Rien de plus logique... sauf qu'il ne s'agit pas d'un coureur, mais d'un authentique boxeur. Son nom, Leonard Millier, n'a jamais figuré au départ de la moindre course. Sa taille est impressionnante. Son torse est puissant. Ses muscles des bras et des jambes sont ceux d'un boxeur poids lourd. Son accoutrement est étrange. Il arbore une barbe laissée en friche depuis plusieurs mois – alors que le poil est l'ennemi du coureur par commodité pour le massage et pour les soins en cas de chute. Il porte des protections aux épaules, aux coudes et aux genoux comme un joueur de hockey sur glace. Il ne dit pas un mot, mais éclate de rire à tout moment, dévoilant une dentition d'une blancheur et d'une dimension impressionnantes. Il est l'objet d'une inlassable curiosité et, surtout, d'un fou rire général. En fait, nous n'avons pas ri bien longtemps.

Sur la ligne de départ, les coureurs sont placés en fonction de l'ordre alphabétique de leur pays. Il se retrouve donc en première ligne entre les Australiens et les Belges, parmi lesquels Jean-Pierre Monsere, le futur vainqueur, et juste devant les Français.

Le départ est donné. Juste devant moi, ce mastodonte de Millier peine à mettre ses pieds dans les cale-pieds, zigzague tant et plus sur la route. On cherche à l'éviter. On perd du temps et lorsque je rejoins l'arrière du peloton, un « éventail » s'est déjà formé. Il me faut plus d'un tour pour venir me mêler à la tête de la course. Nous terminons notre première heure de course lorsque nous doublons notre Millier qui termine à peine son premier tour de circuit. Pendant que nous couvrons quarante kilomètres, lui en a parcouru à peine douze. Des officiels veulent l'arrêter définitivement. Il refuse et devient menaçant. Les organisateurs le laissent donc continuer, jusqu'au moment où la fatigue le contraint finalement à regagner son hôtel. L'UCI, à l'époque, ne connaît en effet pas les coureurs à qui elle délivre pourtant une licence...

1974 : ma deuxième place à... 38 ans

En 1974, le Championnat du monde de Montréal constitue pour moi un souvenir inoubliable. Nous sommes arrivés au Canada usés par une longue tournée des critériums. Fatigués au point même que dans le Tour du Nivernais, auquel nous avait contraints de participer le directeur technique national, Richard Marillier, nous avons tous abandonné tant notre lassitude était profonde.

Entre la Fédération nationale et les groupes sportifs, c'est toujours la guerre. La première entend exercer pleinement son pouvoir et les seconds n'admettent pas que leurs coureurs, une fois par an, le temps d'un Championnat du monde, échappent à leur contrôle.

En arrivant au Canada, nous nous apprêtons à prendre nos quartiers à la Cité universitaire du Mont-Royal. Il fait une chaleur épouvantable et une mauvaise surprise nous attend. Les chambres qui nous sont attribuées sont de dimensions plus que modestes. Un rideau remplace les volets. Les fenêtres, ou plutôt la fenêtre, ne s'ouvre pas complètement. Les ressorts du lit de certaines chambres traversent le fin matelas. La salle de douches est au fond du couloir. Mais le plus dur à supporter est surtout cette chaleur qui nous fait suffoquer. Nous nous réunissons et décidons de nous installer, à nos frais, à l'hôtel Hilton, là où sont logés les membres de la Fédération, tous accompagnés de leurs épouses. Pendant quatre jours, ils n'ont de cesse de nous éviter. Ils ne nous adressent la parole et ne nous promettent de régler nos frais que le dernier jour, lorsque nous rapportons deux médailles.

Cette année encore, je passe de peu à côté de la victoire. Le circuit est exigeant : il compte trois côtes dont une, la côte du Mont-Royal, s'étend sur deux kilomètres. Le parcours est situé en plein centre ville et les spectateurs sont nombreux. Le public nous considère d'ailleurs comme des hommes assez extravagants, car la presse montréalaise a expliqué que nous sommes les seuls athlètes au monde à nous imposer de si longues heures d'efforts pour un gain si minime*.

La course se décante véritablement lorsque Bernard Thevenet se détache, peu après la moitié de la course. La politique de l'équipe de France étant celle de l'unité, Jean-Pierre Danguillaume, Mariano Martinez et moi faisons tout ce qui est en notre pouvoir pour protéger la fugue de Thevenet. À trois tours de la fin, l'équipe de

* La presse canadienne prend pour point de comparaison les salaires astronomiques des joueurs de hockey et de basket : la durée des épreuves de compétition dans ces disciplines est largement inférieure à celle des courses cyclistes, d'où un sentiment de disproportion entre les traitements.

Belgique prend en main les rênes de la situation. Lorsque s'amorce le dernier tour, seuls Merckx, Martinez, l'Italien Santabrogio et moi sommes sur les talons de Thévenet, qui faiblit. Nous le rejoignons à mi-côte du Mont-Royal et j'en profite pour démarrer. Seul Merckx peut me suivre. Il ne reste plus que cinq kilomètres de course. Eddy attaque dans la dernière côte du circuit, mais je veille au grain et suis tout de suite dans sa roue. Après l'ascension de la côte du Campus, une descente sinueuse mène à l'arrivée. J'y prends tous les risques et freine systématiquement au dernier moment. Merckx fait de même et, à l'arrivée, il me distance facilement.

Mais j'ai 38 ans et j'emporte la deuxième place du Championnat du monde. Tout le monde s'interroge, une fois de plus, sur ma longévité. Les journalistes canadiens m'assaillent de questions. Jacques Anquetil, devenu directeur sportif de l'équipe de France, me serre dans ses bras et me murmure à l'oreille : « Aujourd'hui, tu m'as fait passer ma plus belle journée de directeur sportif. »

Le lendemain dans l'avion du retour, le commandant de bord nous fait les honneurs de son poste de pilotage et nous installe, Jacques et moi dans un petit salon, en compagnie de deux comparses. Toute la nuit, nous jouons aux cartes. Je gagne. Bien entendu.

1977 : le dix-huitième et dernier Championnat

Cette année-là, le Championnat du monde a lieu au Venezuela. L'Union cycliste internationale a en effet voulu démontrer par ce choix que l'internationalisation du cyclisme n'est pas une vue de l'esprit, mais une réalité. En fait, ce Championnat du monde, ou plutôt le voyage pour nous y rendre, est une véritable catastrophe.

Il commence par les quarante heures de voyage qui séparent Paris de San Cristobal, à l'ouest du pays, non loin de la frontière colombienne. À Roissy, nous embarquons dans un 747 où seuls une cinquantaine de voyageurs ont pris place. Le vol est direct de Paris à Caracas. Nous commençons tout juste à prendre nos aises, voire à dormir, lorsqu'on nous fait savoir que la compagnie aérienne a décidé de nous faire faire escale à Lisbonne, afin de rentabiliser le vol. Une nuée de voyageurs envahit l'avion à l'arrêt au Portugal, parlant haut et fort : des femmes encombrées d'enfants braillards et les hommes les bras surchargés de paquets de toutes dimensions. Nous sommes serrés comme des sardines. Finie la tranquillité. Terminé le sommeil.

Nous arrivons finalement à Caracas. Naturellement la correspondance pour San Cristobal ne nous a pas attendus. Douze heures plus tard, elle arrive enfin. C'est une vieille Caravelle dont les fauteuils donnent des signes de fatigue inquiétants. Autre particularité : la carlingue se remplit souvent d'une sorte de brouillard. « Ce n'est rien, rassure l'hôtesse, c'est la condensation de l'air. » Au bout de trois heures d'un voyage peu rassurant, nous atterrissons en rase campagne. Là, un autocar nous attend pour nous conduire à San Cristobal. Deux heures de trajet dans la Cordillère des Andes où les règles de la conduite dépendent de la violence du coup de klaxon. Le klaxon le plus puissant confère à son propriétaire la priorité absolue sur tout autre véhicule. De temps en temps, dans les virages, nous apercevons un monument surmonté d'une croix et entouré de phares de voitures. C'est l'emplacement d'un accident mortel.

Quarante heures après notre départ de Paris, nous voici enfin à pied d'œuvre. Je ne me souviens que de peu de choses de ce Championnat. La course n'est pas palpitante. La victoire de l'Italien Moser est entachée, dit-on, par la passivité de son ultime compagnon d'échappée, l'Allemand Thurau. Par contre je me souviens fort bien qu'Eddy Merckx, rejeté par une grande partie de l'équipe belge, avait établi ses quartiers dans notre hôtel, partageant tous ses repas avec nous et même ses séances d'entraînement. Je passe toute la course à ses côtés. Je finis 32e et Eddy, 33e et dernier. On en rit encore.

Chapitre X

AUTRES TOURS, AUTRES AVENTURES

J'ai participé, au cours de ma carrière, à quatorze Tours de France. Tous, bien sûr, n'ont pas eu le retentissement de celui de 1964. Mais chacun m'a marqué et a frappé l'esprit du public… ne serait-ce que par mes prestations parfois douloureuses, parfois chevaleresques, en tout cas peu communes. En voici quelques exemples.

Le Tour de France 1967 : le « Bon Samaritain »

En 1967, le Tour se dispute suivant la formule des équipes nationales. Je suis bien entendu sélectionné pour faire partie de l'équipe de France. L'épreuve débute à Angers par un prologue en semi-nocturne. C'est la première fois qu'un prologue est disputé sur le Tour. L'initiative est due aux organisateurs, Jacques Goddet et Félix Levitan, qui reprennent une idée née au cours du Tour d'Espagne de 1948. Cette année-là, en effet, la première étape était un contre la montre de courte distance – onze kilomètres – disputée par équipes de deux coureurs dans les rues de Madrid. À Angers, les organisateurs français améliorent l'idée en proposant aux coureurs, en guise d'« apéritif », un prologue individuel contre la montre de six kilomètres. L'épreuve a pour objectif de désigner le premier porteur du maillot jaune. Par le passé, le porteur du maillot jaune lors de la première étape était le vainqueur du Tour précédent. Si celui-ci ne participait pas au Tour, personne n'arborait le maillot lors de la première journée de course. L'organisation de ce prologue n'a plus grand-chose à voir avec ce qu'elle est devenue aujourd'hui. En 1967, l'ordre des départs est déterminé par les directeurs sportifs, et par eux seuls – contrairement à aujourd'hui, où il dépend de la notoriété des coureurs. Le prologue commence en toute fin d'après-midi, afin d'attirer le plus grand nombre possible de spectateurs. Je choisis de partir aux environs de dix-huit heures, avant l'apparition de l'humidité du soir. Je réalise le meilleur temps. Tout le monde est content. Les journalistes préparent déjà leur papier, prêts à titrer : « Raymond Poulidor, enfin maillot jaune ! »

Pourtant, moins de deux heures plus tard, un Espagnol, José-Maria Errandonea, dépasse mon temps de six secondes. Je dois me contenter de la deuxième place, tandis que les journalistes se mettent en devoir de refaire leur papier. Errandonea, originaire du pays Basque, est quasiment inconnu du public français, car bien qu'il ait débuté en France, il court surtout en Espagne. Lors du Tour d'Espagne de cette même année 1967, il m'a déjà battu dans une étape contre la montre de quatre kilomètres disputée à Vigo, peu avant que je ne le distance au cours d'une étape de 44 kilomètres. Sur le Tour de France, personne ne s'attend, de sa part, à une telle performance qui, de plus, lui vaut de porter le maillot jaune. Cependant, sa victoire est de courte durée puisque le troisième jour, il abandonne l'épreuve.

Une chute dans l'étape du ballon d'Alsace rend mon vélo inutilisable. On me donne d'urgence le vélo de rechange d'Édouard Delberghe qui se révèle vite être beaucoup trop grand pour moi. C'est avec cette machine que, sur 30 kilomètres, je lutte seul pour tenter de revenir sur la tête de la course, affrontant le vent qui souffle avec violence contre moi. Mais dès les premiers lacets du ballon d'Alsace, c'est la défaillance. Trop concentré dans mon effort pour revenir à la tête de l'épreuve, je n'ai pu m'alimenter. Je termine avec un retard de douze minutes sur le vainqueur de l'étape, Lucien Aimar. Plus question pour moi de songer à une victoire dans le Tour. J'annonce alors que je vais jouer la carte équipe de France et que je vais désormais courir pour que Roger Pingeon gagne l'épreuve. Une fois de plus, le public semble me considérer comme un héros. Les sacs de courrier commencent à s'amonceler, aussi bien à la poste du Tour que chez moi, à Saint-Léonard-de-Noblat. Je suis devenu le coureur de l'équipe de France qui aide l'un de ses coéquipiers à gagner.

De fait, dans l'étape du Galibier, je tiens parole. Roger Pingeon est en difficulté. Si je ne lui tiens pas la main, c'est tout comme ! J'assure l'allure. Sans cesse, je me retourne pour savoir si Pingeon est dans ma roue et j'en profite pour l'encourager du geste. Alors que nous avons commencé la descente, juste après le tunnel, je glisse sur une plaque de verglas. Dans ma chute, j'entraîne Pingeon, mais, fort heureusement, sans aucune conséquence, et après ce passage à vide Pingeon est toujours maillot jaune. Aussitôt, les journalistes rivalisent de superlatifs, tous plus pompeux les uns que les autres. Ils racontent dans ses moindres détails la belle histoire du brave Poupou qui aide le malheureux Pinpin à conserver son bien chèrement acquis. L'un d'eux titre même : « Les PP font la loi ». Les télégrammes affluent de partout. De fait, dans le Puy-de-Dôme, j'ai l'occasion de venir en aide à Pingeon une fois de plus. Il me revient en mémoire une phrase d'Antonin Magne : « Lorsque j'ai gagné le Tour grâce au concours de René Vietto, celui-ci a acquis une gloire phénoménale qui ne s'est jamais éteinte. » L'arrivée à Paris est un triomphe. L'équipe de France a rempli son contrat, puisque l'un des siens, Roger Pingeon, est le grand vainqueur de l'épreuve. Je suis heureux de voir que le public m'applaudit chaleureusement et m'entoure avec enthousiasme.

Puis, très vite, j'entame avec sérénité une longue tournée de critériums. Il semble que tous les organisateurs veulent me voir prendre le départ de leur épreuve. Au risque de sembler prétentieux, je crois pouvoir avancer que je suis l'un des rares à déplacer un aussi grand nombre de spectateurs sur le bord des routes…

1968 : une chute qui élève

1968 est également pour moi un Tour, et surtout un après-Tour, marqué par un sentiment de grande popularité. Cette année-là est en effet l'année des « événements ». Des courses sont annulées au dernier moment. L'ensemble du calendrier français est chamboulé. En remplacement, puisqu'il faut bien continuer à préparer le Tour de France, je dispute le Tour de Suisse.

Pour une fois, je ne subis pas la pression du résultat imposé, seulement le souci de parfaire ma préparation. Scrupuleux, méticuleux comme je sais l'être, je ne laisse rien au hasard et suis, à Vittel, le grand favori du Tour, celui que chacun s'attend à voir faire des merveilles au cours de l'été. Pour ma part, je me sens habité par un sentiment de confiance : cette année me sera faste. J'en suis certain au point de me persuader que je vais gagner le Tour de France. Marcel Bidot, le directeur technique de l'équipe française, a d'ailleurs réuni autour de moi un groupe qui ne veut que mon succès.

J'ai alors 32 ans et je porte le titre de leader de l'équipe de France. C'est une situation, un prestige et une responsabilité qui me plaisent, et qui satisfont mon entourage. La veille du départ de Vittel, à l'initiative du docteur Pierre Dumas, est signé par les coureurs, les organisateurs et les groupes sportifs le premier protocole d'accord sur le dopage. Ce texte prévoit que les contrôles seront désormais effectués exclusivement sous l'autorité fédérale.

Les routiers-sprinters se mettent en action dès les premières étapes. On les laisse faire. Les étapes dans les Pyrénées ne permettent pas, pour leur part, d'établir de véritable hiérarchie. À l'étape de repos de Font-Romeu, Marcel Bidot réunit tout son monde, afin de dresser un plan pour les journées à venir. Tous les coureurs de l'équipe de France s'entendent unanimement pour m'accorder leur soutien. De concert, nous décidons alors que je dois planter les premières banderilles entre Font-Romeu et Albi, sur un parcours de moyenne montagne, il est vrai, mais terriblement usant. Ce plan de bataille n'empêche cependant pas Roger Pingeon, mon coéquipier de l'équipe de France, de se dégager dans la côte de la Chapelle pour aller grappiller quelques points au classement du meilleur grimpeur et obtenir jusqu'à treize minutes d'avance.

À 50 kilomètres de l'arrivée à Albi, le vent se lève. Un vent mauvais, qui freine fortement notre progression. Je provoque une première bordure en compagnie de Jean Stablinski. Dans cet « éventail » ne figurent ni Aimar, ni Janssen, ni Van Springel, tous candidats à la victoire finale. C'est une bonne affaire : mes principaux rivaux sont distancés et l'écart à l'arrivée s'annonce d'autant plus grand que le vent souffle de plus en plus violemment. C'est à ce moment que le pilote de la moto information, chargé de noter tous les mouvements de la course pour les faire annoncer sur les ondes de la radio interne de la course, vient noter les numéros de nos dossards. Une fois cette tâche terminée, il se retourne pour juger notre avance par rapport au groupe suivant. Mais ce mouvement lui fait perdre l'équilibre et il m'entraîne dans sa chute. Je me relève avec difficulté : je suis blessé au visage, inondé de sang, et je souffre d'un mal de tête effroyable. Non sans mal, je parviens à reprendre ma place dans la course et à ne concéder, à l'arrivée, qu'une petite minute à ceux que je viens de distancer. C'est un moindre mal… Le soir, l'un des médecins du Tour, le docteur Megre, après m'avoir ausculté avec attention, me donne le feu vert pour continuer la course le lendemain.

Pourtant, j'ai toujours mal à la tête et je ressens une forte douleur au genou. Après une nuit difficile et malgré mon mauvais état physique, je décide de me rendre au départ de l'étape qui doit nous conduire à Aurillac. Je ne suis pas prêt d'oublier cette étape. Un véritable calvaire ! Tous mes muscles me font souffrir, et surtout je ressens un mal de tête tenace. Mon classement, à la fin de l'étape, est catastrophique au point que je décide d'abandonner et de rentrer chez moi. J'ai le cœur gros d'avoir à prendre cette décision, mais je ne me sens pas capable de continuer. En dépit de ma résistance au mal, je suis incapable d'affronter cette douleur, trop vive. C'est mon premier abandon dans le Tour.

L'équipe de France continue donc sans moi et, à Saint-Étienne, le jour même de mon retrait, Jean-Pierre Genet et Georges Chappe obtiennent, en mon honneur, les deux premières places de l'étape dans le fief des cycles Mercier.

Au même moment, à Limoges où je suis revenu, mon chirurgien s'inquiète : « Qui sont les bouchers qui vous ont examiné ? Vous avez une double fracture de l'os frontal ! », m'annonce-t-il sans plus de ménagement.

Le Tour de France est remporté cette année-là par le Hollandais Jan Janssen. Je suis suffisamment rétabli et j'ai récupéré assez de forces pour participer à la tournée des critériums. Comme d'habitude, tous les organisateurs réclament ma présence. À ma grande surprise, le coureur le plus applaudi, le plus adulé, ce n'est pas Janssen, mais c'est moi, et cette popularité dure tout au long de l'été. Cet enthousiasme me gêne un peu : le public semble se désintéresser complètement du Hollandais, pourtant vainqueur du Tour de France.

Quant au motocycliste qui a provoqué ma chute, je ne l'ai jamais revu. Il n'est pas même venu me voir pour s'excuser et n'a pas jugé utile de me téléphoner. Quarante ans plus tard, son attitude me choque encore !

Le Tour de 1972 : encore troisième !

Le bilan de ma participation au Tour de France de 1972 est plutôt positif. Je termine en effet la course à la troisième place, derrière Eddy Merckx et Felice Gimondi. Cette année-là, cependant, je ne suis pas le point de mire des spectateurs et ma performance passe relativement inaperçue. Sans doute mes efforts – et mes mésaventures – sont-ils devenus quelque peu habituels, et par conséquent naturels, pour le public. Mais surtout, la vedette appartient au terrible bras de fer auquel se livre Eddy Merckx, d'abord avec Luis Ocana, puis avec Cyrille Guimard, mon équipier.

Le duel Merckx-Ocana commence en réalité lors du Tour de 1971. Cette année-là, en effet, à Orcières-Merlette, dans les Alpes, le coureur espagnol, au caractère impétueux et aux qualités sportives reconnues, distance Eddy Merckx de près de neuf minutes et se place en tête du classement général avec toutes les chances de remporter l'épreuve. Merckx n'a jamais encore subi une telle défaite. Mais quelques jours plus tard, dans les Pyrénées, Luis Ocana abandonne, victime d'une chute dans la descente du col de Mente et laisse le champ libre au Belge pour son troisième succès.

Avant le départ du Tour 1972, Ocana fait des déclarations fracassantes, affirmant qu'il va terrasser Merckx. Ce

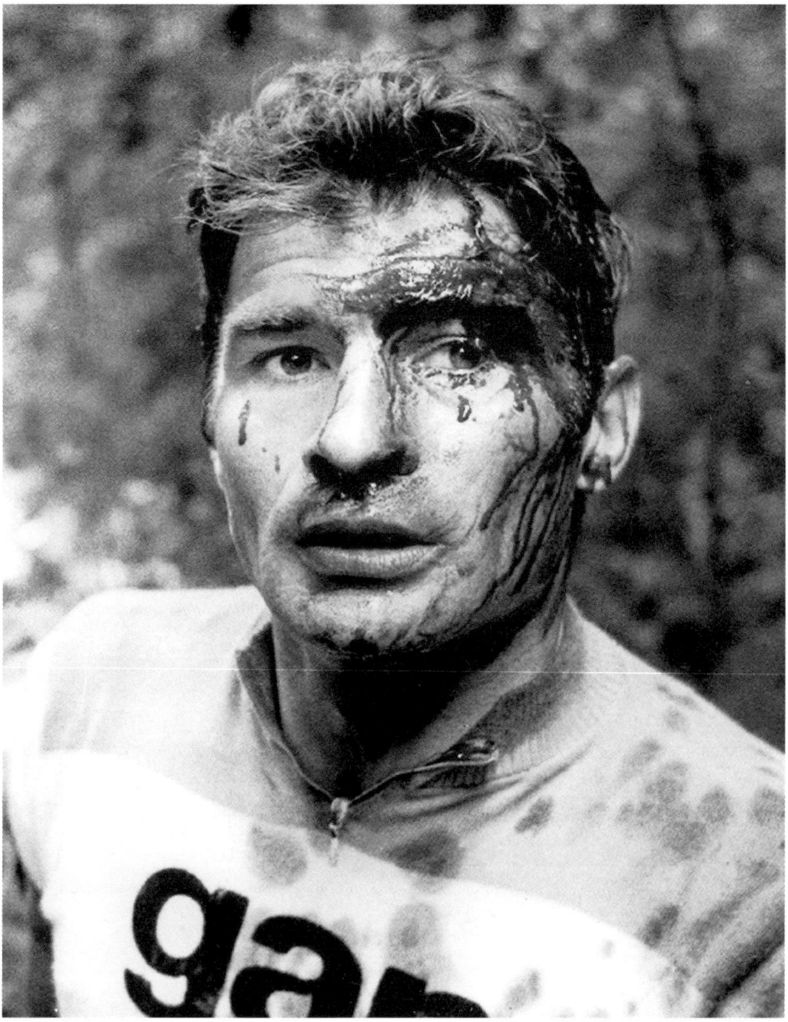

© AFP

Le Tour de France, 15 juillet 1973.
Chute dans la descente du col du Portet d'Aspet. Jacques Goddet me tend les bras pour me faire remonter sur la route. Louis Caput, mon directeur sportif me conseille d'abandonner : j'obéis. Je n'ai pas encore pris conscience de la profondeur de mes blessures.

1973 : accident du Portet d'Aspet, dessin de Dero.
Dero, d'un coup de crayon, donnait vie à la montagne et immortalisait, mieux qu'un discours, une scène de la vie sportive.

© D.R.

1972 : la France coupée en deux, dessin de Dero.
Au moment même où je gagne Paris-Nice, Georges Pompidou, alors président de la République, annonce la tenue d'un référendum. Pour Dero, la surprise est totale, d'un côté comme de l'autre.

Le Tour de France, 15 juillet 1974.
Je file, à 36 ans, vers les hauteurs de Saint-Lary-Soulan. C'est ma dernière victoire d'étape dans le Tour. Je suis de la race des gens qui ne vieilliront jamais, clame alors mon directeur sportif, Louis Caput.

Le Tour de France, 1976.
Illustration par la photo de la concentration nécessaire lors d'une épreuve contre la montre. Le regard fixe la route. Une seule main sur le frein, l'autre dirige la machine. La jambe gauche est relevée ; le corps va épouser le virage. La trajectoire sera parfaite.

© AFP

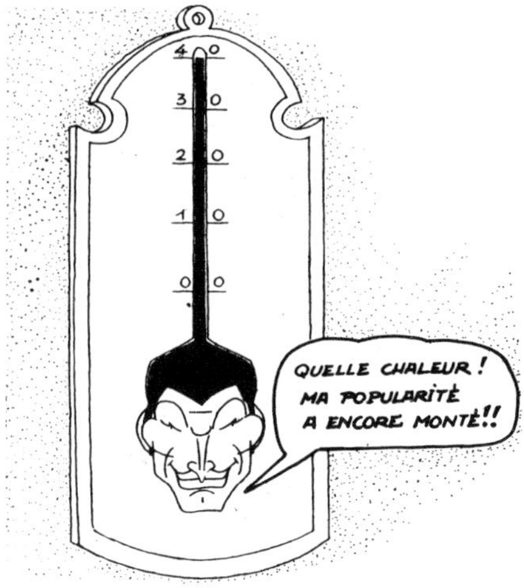

© D.R.

Ou le dieu Mercure dans ses œuvres...
Dessin de Dero.

Le podium du Tour de France, 1974.
À 38 ans, je suis deuxième, et tellement heureux ! Seul Eddy Merckx, vainqueur de huit étapes, dont le prologue, a fait mieux que moi.

© AFP/Staff

© Radio France

Apprentissage de la radio.
En 1971, j'ai suivi le Tour de France comme consultant de Jean-Paul Brouchon. Je découvre ainsi une autre facette du Tour, celle de radio-reporter. Avant la prise d'antenne, un rapide plan de l'émission est dressé.

© D.R.

Match de football à Saint-Bonnet Briance, 1977.
Sont présents, entre autres, le recteur Saudray, Jean-Claude Bouttier, Michel Hidalgo, Henri Émile, Claude Louis, Louis Perrier, Philippe Crepel, Jean Boiteux, Alain Marot.
D'habitude, je joue gardien de but dans cette équipe. Mais souffrant ce jour-là d'une sciatique, je ne suis descendu sur la pelouse que pour la photo.

Avec Jacques Chaban-Delmas, député-maire de Bordeaux et président de l'Assemblée nationale, janvier 1978.
Nous nous promenons dans les rues de Bordeaux sur des bicyclettes de la marque Manufrance-Poulidor. Un peu plus loin, malgré la chaussée humide, Chaban a voulu sprinter. Il a gagné !

Partie de belote à Saint-Bonnet-Briance.
Avec Antoine Blondin et moi au premier plan, Claude Louis et le docteur Jean-Marc Lepetit. Prince des mots, roi de la formule, empereur de la littérature, Antoine Blondin était un redoutable joueur de belote, qui savait égayer les longues soirées d'hiver du Limousin.

Dédicace de Jean Carmet.

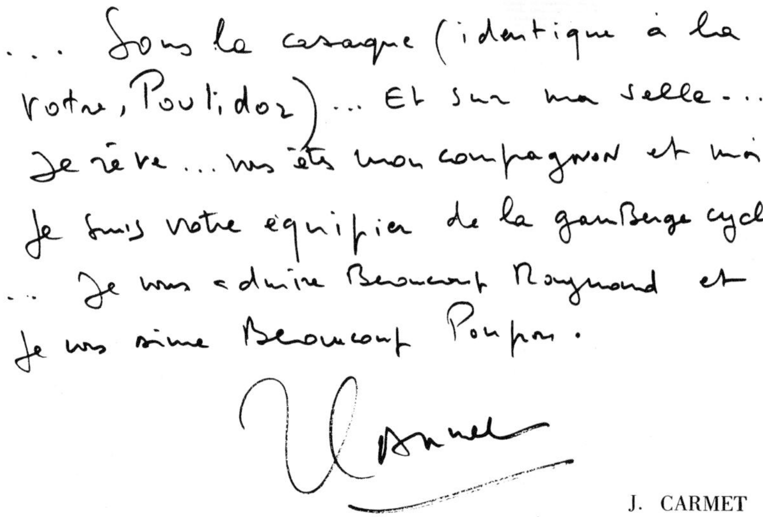
... Sous la casaque (identique à la vôtre, Poulidor) ... Et sur ma selle ...
Je rêve ... vous êtes mon compagnon et moi
je suis votre équipier de la gamberge cycliste.
... Je vous admire beaucoup Raymond et
je vous aime beaucoup Poupou.

J. CARMET

© D.R.

Le 5 juillet 1997, à Quincampoix. Avec le directeur du Tour de France, Jean-Marie Leblanc, nous nous recueillons sur la tombe de Jacques Anquetil au cours d'un dépôt de gerbes, quelques heures avant le départ du prologue du Tour de France, donné à Rouen.

© AFP/Mehdi Fedouach

© AFP/Pierre Andrieu

Avec Bernard Hinault et Eddy Merckx, en 1998.
29 Tours de France à nous trois : 14 pour moi, 7 pour Eddy, dont 5 victorieux, et 8 pour Bernard, dont 5 victorieux.

© Sipa Presse

Remise de la Légion d'honneur, juin 2003.
Au palais de l'Élysée, Jacques Chirac, président de la République, m'élève à la dignité d'officier de la Légion d'honneur. Cette distinction m'a beaucoup ému et c'est avec une grande fierté que je l'ai reçue.
Elle représente pour moi la plus belle des reconnaissances de la qualité et de la longévité de ma carrière.

Sur le Tour de France, avec le Crédit Lyonnais.
En haut : Je suis le parrain d'une manifestation de promotion auprès de très jeunes coureurs. Je leur apprends les rudiments de la course cycliste. Ils montrent tous une attention remarquable.

En bas : Dans le Tour, je suis un homme heureux, la passion est toujours intacte.

dernier lui répond sur le même ton. Sachant qu'Ocana va lui mener la vie dure en montagne, le Belge décide de conduire sa course en marquant sa présence sur des terrains autres que celui de la montagne. Pour ce faire, il bâtit autour de lui une équipe de solides coureurs, tous aguerris aux luttes les plus âpres. Un seul équipier manque à l'appel, le Belge Hermann Van Springel, qui huit jours plus tôt, a exprimé son intention de rejoindre la saison prochaine l'équipe allemande de Rokado et a été exclu sur-le-champ.

Le départ du Tour a lieu à Angers. Maintenant âgé de 36 ans, je sais que mes muscles ne sont plus ceux de mes débuts professionnels. Mon but est donc moins de gagner le Tour que de terminer dans les trois premiers. Merckx prend position dès le prologue, qu'il gagne avec onze secondes d'avance sur son équipier Roger Swerts. Je suis troisième, à douze secondes. Le lendemain, sur la route de Saint-Brieuc, Cyrille Guimard se manifeste, à la grande surprise d'Eddy Merckx. Guimard participe aux sprints intermédiaires, qui apportent des bonifications en temps et, surtout, gagne l'étape au sprint. Il devient maillot jaune. Du côté de Merckx, la réaction est terrible : le Belge n'aime pas beaucoup que l'on vienne chasser sur ses terres. Il reprend le maillot jaune à l'issue de l'étape contre la montre par équipes de Saint-Jean-de-Monts.

Le Tour file ensuite vers les Pyrénées. Sur la route de Royan, dans le marais vendéen, le vent se lève avec violence sans aucun signe annonciateur. Il est de trois quarts face. Or nous nous trouvons dans une région où rien ne résiste au vent. Les maisons, disséminées dans le marais, sont d'humbles habitations au toit de chaume, des « bourrines », construites le plus bas possible pour offrir le minimum de prise aux rafales. De rares arbres, des saules ou des peupliers, entourent ces modestes demeures. Il n'y a donc aucun abri naturel possible. Un « éventail » se forme, composé de dix-huit coureurs. Avec Zoetemelk, Van Impe et quelques autres concurrents de valeur, je suis piégé. Je ne vois pas le coup venir. Je veux organiser la contre-attaque mais aucun volontaire ne peut m'aider. Devant nous, à l'initiative de Guimard, Merckx, Ocana et leurs compagnons filent sans se retourner. Ils nous précèdent de trois minutes à Royan.

Nous sommes maintenant au pied des Pyrénées. Guimard porte toujours le maillot jaune. Il nous faut encore franchir l'Aubisque, avant d'arriver à Pau. Je termine avec Merckx et réalise le même temps que le vainqueur de l'étape, Yves Hézard. À l'arrivée, sans me préoccuper des classements, je m'inquiète du sort d'Ocana, de Thévenet et d'Alain Santy qui ont fait une terrible chute dans la descente du col. Pour eux, les conséquences sont lourdes : Luis Ocana perd près de trois minutes ; Thévenet, à demi-inconscient lorsqu'on le remet sur son vélo, ne réalise qu'une heure plus tard qu'il est sur le Tour de France. Quant à Alain Santy, transporté par hélicoptère à l'hôpital de Pau, il souffre d'une fracture à l'une des vertèbres cervicales.

Le lendemain, Merckx gagne l'étape de Luchon qui passe par les cols du Tourmalet, d'Aspin et de Peyresourde. Il devient à son tour maillot jaune. Je suis sixième au classement général. Trois jours plus tard, nous sommes au sommet du mont Ventoux. Bernard Thévenet, désormais bien rétabli, remporte l'étape. Pour ma part, je suis toujours au contact des meilleurs. Les Alpes suivent aussitôt. Eddy Merckx remporte brillamment l'étape à Briançon, puis à Valloire, après une remarquable ascension du Galibier. Pour moi, le col est dur à passer : souffrant d'une défaillance à deux kilomètres du sommet, j'ai l'impression de me trouver en pleine nuit et d'avoir des d'étoiles plein les yeux. Au sommet du mont Revard, qui domine Aix-les-Bains, Cyrille Guimard, à la surprise générale, s'octroie in extremis la victoire en franchissant la ligne juste devant Eddy. Celui-ci, qui croit être le vainqueur, passe la ligne en levant le bras, au moment où Guimard, malin comme un singe, revient à sa hauteur et le distance d'un quart de roue.

Pourtant, Cyrille Guimard, souffrant du genou, abandonne à deux jours de l'arrivée. Gimondi me domine dans l'avant-dernière étape contre la montre, longue de 47 kilomètres. À l'arrivée à Paris, je suis troisième du Tour. Mon contrat est rempli. L'objectif est atteint.

Devant la presse, j'assure que, malgré mes 36 ans, ce Tour n'est pas pour moi le dernier. J'ai franchi tous les cols pyrénéens dans le sillage des premiers. Seuls les démarrages des coureurs les plus jeunes en vue des sommets deviennent dorénavant des problèmes. Je ne suis plus capable d'assurer ce genre d'exercice. Je remarque d'ailleurs qu'Eddy Merckx ne court plus, lui non plus, comme avant : il épargne un peu plus ses adversaires en montagne. Et pourtant, il réalise toujours de fulgurantes accélérations. C'est dit : je serai prêt pour le Tour suivant, celui de 1973.

1973 : le Portet d'Aspet

Au départ du Tour 73, une absence est particulièrement remarquée : celle d'Eddy Merckx. Il vient de réaliser le doublé Tour d'Espagne-Tour d'Italie et profite d'un repos bien mérité. La presse présente Luis Ocana comme le successeur du Belge au palmarès. Ce dernier vient de triompher de façon magistrale au Critérium du *Dauphiné Libéré*, et son équipe est renforcée par la présence du Portugais Joachim Agostinho, un rescapé de la guerre d'Angola qui sait vivre à la dure et ne craint pas les efforts physiques les plus rudes. Quant à moi, malgré les déclarations d'Eddy qui affirme que je sais toujours où frapper juste dans une course, je sais bien que je ne suis pas le grand favori. Et pourtant ! Je fais toujours figure d'éternel espoir, je suis toujours celui que l'on attend dans les situations les plus inhabituelles. Ma popularité a encore grandi. 48 % des Français, disent les sondages, estiment que je suis la personnalité la plus connue de notre pays.

Le départ est donné en Hollande, dans la ville de Scheveningen. C'est le pays natal de Joop Zoetemelk, qui n'est pas encore mon équipier, mais qui a acquis depuis peu le titre de coureur « le plus français des Hollandais », à la suite de son mariage avec Françoise, la fille du chef de la caravane publicitaire du Tour. Je suis deuxième de ce prologue, battu seulement de 80/100e de seconde par Zoetemelk. Jamais encore je n'ai approché le maillot jaune de si près… À 37 ans.

Sur le plan physique, je me sens au point. J'ai complètement supprimé de mon régime le lait, la bière et le vin. Lorsque je suis un peu souffrant, j'ai recours à l'homéopathie. Après tout, ma jeunesse de travail à la ferme, du lever au coucher du soleil, m'a endurci, fortifié et donné de la volonté. Rien de tel pour former un esprit et un corps !

Dans cette épreuve, les vainqueurs potentiels sont nombreux. L'absence d'Eddy Merckx aiguise les appétits et, dès les premiers tours de roue, la course s'emballe. Le troisième jour, c'est Roubaix-Reims, une étape qui ne présente pas de difficultés particulières, si ce n'est un vent contraire et, peu après le départ, ces zones pavées bien connues de chaque coureur puisqu'on les emprunte lors du Paris-Roubaix. Le peloton est nerveux. Au moment de rouler sur ces pavés, les concurrents accélèrent. Les crevaisons se multiplient. Des coureurs accidentés, une roue à la main, obstruent la chaussée. Les voitures des directeurs sportifs venus porter secours à leurs équipiers se livrent à un véritable gymkhana. De la folie furieuse ! À la sortie de ces sentes, on fait les comptes. Neuf coureurs, dont Guimard et Ocana, ont pris la poudre d'escampette. On ne les rejoint pas. À l'arrivée, le petit groupe dont je fais partie ne compte que quinze unités et accuse deux minutes trente de retard sur Guimard, vainqueur de l'étape. L'Espagnol José-Manuel Fuente, pourtant considéré comme un possible vainqueur, perd cinq minutes et voit ses chances de victoire finale s'amenuiser sérieusement.

Nous roulons maintenant vers Nancy. Une étape que nous prévoyons calme, à l'exception de la ligne d'arrivée, juchée en haut d'une montée, la côte du Haut-du-Lièvre, longue de deux kilomètres, avec un pourcentage moyen de 6 %. Les coureurs amateurs connaissent bien cette arrivée. Elle est utilisée lors du Circuit des Mines. Louis

Caput, dont les contacts s'étendent à toutes les ramifications du monde du cyclisme, accumule les renseignements sur cette arrivée, démontrant ainsi qu'un directeur sportif ne doit rien laisser au hasard. J'ai donc le bon braquet. À Nancy, je termine avec le même temps que le vainqueur, Zoetemelk. Ocana est à douze secondes de nous. Ce n'est rien, mais je me sens rassuré : je peux jouer dans ce Tour un rôle intéressant.

Puis nous abordons les Alpes avec deux demi-étapes : Divonne-les-Bains-Gaillard par le Salève, puis Gaillard-Méribel. J'ai horreur de ces demi-étapes. Luis Ocana prend le maillot jaune à la fin du deuxième jour, au cours duquel je perds cinq minutes sur l'Espagnol. Le lendemain, c'est Moutiers-les-Orres, par les cols de la Madeleine, du Télégraphe, du Galibier, de l'Izoard, la longue vallée du Guil et enfin l'interminable montée vers Méribel. Luis Ocana y « tue » le Tour. Superbe et généreux dans l'effort, il nous fait un numéro dont il a seul le secret en distançant tout le monde. Fuente est à dix minutes, de même que Bernard Thévenet. Pour ma part, bien que je termine à la quinzième place de l'étape, je suis à vingt-sept minutes de l'Espagnol au classement général. Durant cette journée, seize coureurs abandonnent. Le dernier de l'étape, le Hollandais Tabak accuse sur la ligne un retard d'une heure. On se croit presque revenu aux Tours du début du siècle !

C'est là que je me rends compte que je vieillis. Les grands cols que j'aimais tant escalader me font désormais un peu peur : les enchaîner l'un après l'autre m'est préjudiciable. J'ai du mal à changer de rythme. Aux Orres, je termine très fatigué et, à peine le repas avalé, je file me coucher. J'ai une terrible envie de dormir. Mon corps me semble peser des tonnes.

En fait, après une bonne nuit de sommeil, toute la fatigue accumulée au cours de ces deux jours de folie a disparu. Je récupère toujours aussi bien. C'est d'ailleurs ce qui me permet, trois jours plus tard, de prendre la deuxième place de l'étape contre la montre Perpignan-Thuir, longue de 29 kilomètres, à trente secondes seulement de Luis Ocana, décidément insatiable. Avec plaisir, j'apprends que je roule alors à plus de 47 km/h de moyenne.

Pas le temps, pourtant, de m'endormir sur mes lauriers, de penser que ce Tour, il y a sept ou huit ans, m'aurait bien plu, avec ses cols rapprochés les uns des autres et ses difficultés situées aux abords des arrivées. Voici maintenant la grande étape des Pyrénées. Bourg-Madame-Luchon. Les 235 kilomètres qui séparent le départ de l'arrivée passent par les cols de Port, du Portet d'Aspet, de Mente et du Portillon. Raymond Martin passe en tête au Portet d'Aspet avec trente secondes d'avance sur Ocana, Van Impe et Pollentier. Je suis à cinquante-cinq secondes, avec Zoetemelk et Martinez. Mais rien n'est joué. Les positions ne sont pas solidement établies entre nous. Si tout va bien, je peux même envisager la victoire d'étape à Luchon. Dans la descente, nous nous rapprochons petit à petit du trio formé autour d'Ocana. De temps à autre, suivant la topographie du terrain, nous l'apercevons. Il reste encore deux ou trois virages avant de retrouver la portion plate, celle où l'on se remet de ses émotions et de ses efforts, celle où les directeurs sportifs qui n'ont pu intervenir dans la descente viennent donner leurs instructions et des boissons, celle où les mécaniciens, d'un simple regard, vérifient si tout va bien sûr la machine. Le groupe Ocana est maintenant à cent mètres de nous, à peine. Zoetemelk conduit notre trio. Je suis en deuxième position, Martinez ferme la marche.

Un virage à gauche se présente. Je le prends trop vite, freine trop tard. Je suis embarqué sur le bas-côté sans pouvoir redresser ma machine. Je bute sur le parapet. C'est la chute dans le ravin avec le vélo. Instinctivement, je me protège le visage avec les mains, mais je ne peux éviter que ma tête bute sur la roche. J'ai vaguement entendu le bruit de branches que l'on casse. J'en déduis que des arbustes amortissent peut-être ma chute. Allongé sur le sol, j'évalue la situation. Je suis tombé à trois ou quatre mètres en contrebas de la route. Mon vélo est brisé. Je me relève doucement. Je n'ai pas mal. Quelque chose de chaud et de poisseux m'aveugle. Je porte la main à mon front. C'est du sang, qui coule en abondance. Je prends peur. Je commence à remonter vers la route. En levant la tête, j'aperçois Jacques Goddet qui, au bord du parapet, me tend les bras. Quel soulagement ! Je me croyais au fond d'un trou, ignoré de tous. Je saisis les bras de Goddet et me retrouve au bord de la route. On m'assied sur le siège d'une moto suiveuse. L'un des médecins du Tour, le docteur Brossard ausculte mes blessures. Je réclame un vélo pour repartir. « Non, me dit avec douceur Louis Caput, il vaut mieux que tu t'arrêtes. C'est fini, Raymond. » Il me soutient jusqu'à l'ambulance. Le docteur Brossard m'y installe et je quitte le Tour, pour la deuxième et dernière fois à cause d'une chute. On me dirige vers la clinique du docteur Bergès, à Saint-Gaudens.

Admirable docteur Bergès ! C'est déjà lui qui, deux ans auparavant, accueille Luis Ocana, après sa terrible chute dans la descente du col de Mente. Il m'attribue la même chambre, la 21, et le même lit que Luis, ce qu'il dit tout en me réconfortant sur mon état de santé et en me soignant avec autant de délicatesse que de compétence. « Vous avez deux importantes plaies au cuir chevelu, me dit-il. Vous avez perdu beaucoup de sang, mais avec votre santé légendaire vous serez bientôt sur pied. Vous avez aussi un traumatisme dans la région dorsale, mais pas de fracture. Rien de grave. Quelques jours de repos et tout ira bien. Vous êtes un dur à cuire. » Avec discrétion, il quitte la chambre, car Gisèle, ma femme, est au téléphone.

Lorsqu'il revient pour terminer les pansements, le docteur Bergès, l'air malicieux, me glisse, tout en donnant des ordres à une infirmière : « Il faut que vous soyez beau pour la télévision ce soir. » Et le soir, en direct au journal de 20 heures, je réponds aux questions de Richard Diot, allongé sur mon lit, avec la tête plus enturbannée encore que le mammouchi moliéresque du *Bourgeois gentilhomme*. Admirable docteur Bergès !

Claude Sudres et Louis Caput arrivent. Le premier apporte une tarte qu'il vient d'acheter chez l'un des bons pâtissiers du quartier. Je la déguste, tout en racontant ma chute, et conclus : « Ce n'est pas de la malchance. La malchance, c'était en 68 lorsque je devais gagner le Tour. Mais ne vous inquiétez pas. J'ai faim. C'est bon signe. Dans quelques heures, je penserai à vous. Je serai avec femme et enfants en vacances, à Arcachon, au bord de la plage. »

1976 : le dernier Tour

Cette fois, c'est bien le dernier. Je n'ai pas beaucoup hésité avant de prendre le départ à Saint-Jean-de-Monts, en Vendée. Il fait une chaleur torride. La France a soif et tout au long de l'épreuve, je remarque ces plaines grillées par le soleil, ces ruisseaux privés d'eau. Nous, coureurs du Tour, ne devons pas nous plaindre de la canicule. La situation est bien pire pour les paysans dont je suis. Lorsque l'herbe ne pousse plus, on ne peut pas la créer artificiellement pour nourrir les animaux. Il faut vider le compte en banque et acheter. Nous autres coureurs n'avons pas ces soucis. Quand la canicule sévit, on se protège.

À Saint-Jean-de-Monts, station balnéaire de la côte vendéenne envahie par les vacanciers, Antoine Blondin titre son papier « Le Sable et le Roupillon », tandis que le Belge Freddy Maertens s'adjuge le prologue, reléguant l'Espagnol Manzaneque à dix-sept secondes. Pour ma part, je suis à vingt-sept secondes.

Ce Tour sans Eddy Merckx, insuffisamment rétabli d'une opération chirurgicale, s'annonce curieusement. Les candidats à la victoire finale sont nombreux mais, pour l'heure, c'est Maertens qui domine la situation. Vainqueur du prologue, de la première étape, du contre la montre du Touquet – où il devance son compatriote Pollentier de plus de deux minutes –, il pénètre en Belgique en confortable leader, tout de jaune vêtu.

Je regarde l'évolution de la situation avec une immense joie intérieure. Cette joie doit être visible sur mon visage puisqu'au Touquet, Jacques Goddet écrit : « J'ai la chance de pouvoir terminer mon papier sur une note joyeuse. Ah ! Ce Poupou 76 ! Un cru qui va monter aux enchères ! Le premier des Français du Tour qui se déploie est un champion complet, équilibré, bien en selle, débitant du coup de pédale d'une manière aérée. Et semblant si heureux d'être là, pétant de santé, au milieu de ses amis, nous tous, avec le public qui lui crie son estime. »

La première partie du Tour se passe sans problème particulier. Je réponds à toutes les accélérations et termine chaque étape bien placé dans les sprints massifs. Cela n'a l'air de rien, mais être placé chaque jour dans un sprint massif est un signe de bonne santé et de bon comportement. Ami lecteur, compulsez vos archives ! Vous constaterez que jamais Anquetil, Merckx, Hinault, Indurain et, maintenant, Armstrong n'ont terminé une étape, même sans difficulté, au-delà de la quarantième place.

La montagne arrive. Les Vosges, d'abord. C'est un cap difficile à passer, mais tout le monde est logé à la même enseigne. Depuis quelque temps pourtant, le premier col m'effraie. Que va-t-il me réserver ? Comment ma carcasse va-t-elle réagir à ce soudain changement de rythme ? Comment vais-je trouver la force nécessaire pour suivre les meilleurs et les accompagner le plus longtemps possible ? Toutes ces questions me taraudent. Finalement, tout se passe bien.

L'étape des Vosges, qui emprunte le col du Bonhomme, la Route des Crêtes et le Grand Ballon, me permet de remonter à la cinquième place du classement général.

Le dixième jour de course, c'est l'Alpe d'Huez. Je n'ai jamais effectué cette ascension en compétition. Il y a dix ans, en 1966, tout le monde croyait que l'arrivée de l'étape Vals-les-Bains-L'Alpe-d'Huez était jugée dans la station, mais après le col d'Ornon, l'arrivée avait lieu au village de Bourg d'Oisans. Je ne connais absolument pas cette ascension, on m'a juste rapporté le «récital» que Fausto Coppi y avait donné en 1952. Dante Ronchi, un journaliste italien, m'a raconté un jour que Coppi avait une allure tellement aérienne dans cette ascension qu'on avait l'impression que Dieu lui avait envoyé deux angelots pour que, grâce à leurs ailes, ils le propulsent plus rapidement vers l'arrivée et lui fassent toucher plus vite le ciel. Mais revenons à 1976. À l'arrivée, Zoetemelk l'emporte. Je termine neuvième à une minute cinquante et deviens quatrième du classement général. Pas si mal pour un quadragénaire, ou plutôt un « quadragêneur », comme le disent certains coureurs que je devance. Le lendemain, c'est Montgenèvre par le col du Lautaret, de l'Izoard et, pour terminer, la montée vers la station. Zoetemelk gagne une nouvelle fois. Je me maintiens, toujours très heureux d'être là où je suis. Troisième du classement général, à une minute trente-cinq seulement du maillot jaune, le Belge Lucien Van Impe.

Quarante-huit heures plus tard, nous sommes dans les Pyrénées. C'est là, j'en suis persuadé, que le Tour va se jouer. Les événements me donnent raison. Après l'intermède Raymond Delisle à Pyrénées 2000, où il remporte la victoire d'étape et devient maillot jaune, Van Impe gagne à Saint-Lary-Soulan et endosse définitivement le maillot tant convoité. Joop Zoetemelk est un indéboulonnable deuxième. Pour la troisième place, c'est la lutte entre Delisle et moi, qui suis quatrième. Dans l'étape contre la montre du Gers, je refais une partie de mon retard et, au sommet du Puy de Dôme, je suis à égalité de temps avec Delisle. L'avant-dernière étape contre la montre, sur les Champs-Élysées, va nous départager. En vain, les médias essaient de provoquer une polémique entre nous. On grossit les propos de Delisle, on déforme mes interventions... C'est oublier un peu vite que nous ne sommes pas seulement liés par notre prénom. Nous sommes de vieux amis, qui ont couru ensemble le Tour de France, au temps des équipes nationales. Et surtout, Louis Caput accepte que l'an prochain Delisle vienne finir sa carrière chez Gan-Mercier.

Sur les Champs-Élysées, devant une foule énorme, je termine troisième de l'étape et me retrouve, une nouvelle fois, sur le podium... à la troisième place. Ma longue aventure avec le Tour, ma grande histoire d'amour avec le Tour, se termine ainsi. Quatorze participations, sept victoires d'étapes, trois places de deuxième, cinq places de troisième et deux abandons pour chute : tel aura été mon palmarès pour cette épreuve qui est, dit-on, l'une des plus célèbres et des plus suivies dans le monde entier.

J'ai beaucoup appris au cours de mes 56 000 kilomètres de Tour de France, distance qui représente plus que la circonférence de la Terre. J'y ai connu la gloire, la joie, la tristesse, la souffrance, la douleur. Ce fut pour moi une deuxième école de la vie après celle que, jeune paysan, insensible au froid et à la canicule, j'avais fréquentée auprès de mes parents.

Le Tour, c'est l'école de la vie.

Chapitre XI

PARIS-NICE : LES VICTOIRES TANT ATTENDUES

J'ai participé à dix-huit Paris-Nice. J'y ai gagné des étapes, porté le maillot blanc de leader et, surtout, triomphé à deux reprises consécutives en battant à chaque fois Eddy Merckx. Mais c'est au cours de l'édition de 1966 de l'épreuve que ma rivalité avec Jacques Anquetil a pris un aspect auquel nous nous attendions ni l'un ni l'autre.

L'affaire de 1966

Cette année-là, la course présente un parcours exigeant, long de 1 300 kilomètres répartis en dix étapes. L'épreuve file droit vers le centre de la France, puis longe la vallée du Rhône avant trois étapes en Corse et, pour finir, une journée complète dans l'arrière-pays niçois.

À l'exception du premier jour, où l'Italien Adriano Durante l'emporte à Auxerre, la course n'est qu'une longue série d'offensives. Après Durante, c'est au tour d'Eddy Merckx, puis de Roger Pingeon, et enfin de Désiré Letort d'occuper la première place du classement général. Tout cela avant notre arrivée en Corse. Là, trois difficiles étapes nous attendent. Elles sont d'autant plus dures qu'il n'y a pas de temps de récupération dans cette épreuve. Ainsi après l'étape Bagnols-sur-Cèze-Marignane, longue de 157 kilomètres, nous embarquons pour Bastia. Le lendemain, deux demi-étapes sont au programme : d'abord Bastia-Bastia, le matin (97 kilomètres par le Col de Teghime), puis, l'après-midi, une étape contre la montre de 36 kilomètres. Dans les jours suivants sont prévus les 160 kilomètres de L'Île-Rousse-Ajaccio, le transfert à Nice en fin d'étape, et les 167 kilomètres d'Antibes-Nice. Pas un moment de répit donc !

La première étape corse ne modifie pas le classement général. Tout le monde se réserve pour l'étape contre la montre de l'après-midi. À L'Île-Rousse, après un parcours typiquement corse, je remporte l'étape et deviens premier du classement général. C'est la première fois que je bats Jacques dans une épreuve contre la montre. Satisfait de ma performance, je la commente ainsi : « J'avais une chance sur dix de l'emporter. J'ai saisi cette chance à bras le corps. J'ai toujours été à fond du premier au dernier kilomètre. Maintenant, je sais ce qui m'attend. Jacques Anquetil ne va pas en rester là. C'est normal. Ce n'est pas mon genre d'aller chercher des alliances. J'ai des amis, ceux qu'il faut, et je m'en contente. J'ai toujours vécu replié sur moi-même, car mon ambition n'a pas suivi la réputation qu'on m'a faite. Je ne vais pas changer aujourd'hui parce que je suis leader de Paris-Nice. »

Le lendemain c'est L'Île-Rousse-Ajaccio, par le col de Vizavona que nous franchissons sous la neige. Jacques ne m'attaque pas. Peut-être s'est-il aperçu que je suis en bonne forme, ce qui correspond d'ailleurs à la réalité.

Au départ de la dernière étape, Antibes-Nice, je suis donc toujours leader. À peine le départ est-il donné que certains membres de l'équipe de Jacques manifestent envers mes équipiers et moi une animosité malsaine, réprouvée par l'éthique sportive. Je manque ainsi de verser dans le fossé après avoir été volontairement bousculé ; Barry Hoban, mon équipier, n'a pas cette chance. Il abandonne à la suite d'une chute sans doute provoquée par Jean-Claude Vuillemain, un équipier de Jacques, aujourd'hui décédé. D'autres gestes répréhensibles sont commis sous les yeux mêmes du directeur de course, Jean Leulliot, qui ne dit rien.

Dans la rude montée de Gourdon, Jacques attaque à trois reprises. Je réponds à chacune de ses attaques. Dans la montée suivante, celle de Tourette-sur-Loup, au kilomètre 134, soit à 33 kilomètres de l'arrivée, Jacques porte une offensive d'une violence phénoménale. Je n'en suis pas surpris, car mon équipier Gilbert Bellone m'avertit de ce démarrage par un sifflement. Je me tiens donc prêt à répondre. Mais tout va beaucoup trop vite pour moi. Je suis Jacques sur une centaine de mètres avant qu'il ne disparaisse progressivement de ma vue. À l'arrivée, il me distance d'une minute et vingt-quatre secondes. Il gagne ce Paris-Nice. Je suis deuxième.

C'est le temps des déclarations aux journalistes. Je me contente de cette phrase : «Jacques Anquetil m'a lâché à la régulière, mais pourquoi ses équipiers ont-ils agi ainsi avec les miens ? Jacques Anquetil n'avait pas besoin de cela pour vaincre. »

Jacques est plus loquace : « Les rôles aujourd'hui étaient inversés. J'étais devenu le challenger. Raymond Poulidor m'a fait sortir de mon personnage car je ne suis pas, de nature, un attaquant. J'ai tout donné dans ma dernière offensive, passant, malgré la pente, du 13 au 12 dents. J'étais au bord de l'asphyxie. »

Il est bien évident que, compte tenu de notre notoriété, l'affaire ne pouvait en rester là. Le monde cycliste tout entier commente abondamment les faits écoulés. J'accepte, non sans réticence, de rejoindre Robert Chapatte sur un plateau de télévision. Et là, je prononce ces mots que l'on n'a jamais oubliés : « Il fallait que Jacques Anquetil gagne. C'est lui, le patron du cyclisme. »

Aussitôt, c'est la tempête. Les réactions se multiplient. Un avocat d'Alès, Pierre Gardes, explique au public que l'emploi du mot « patron » signifie que Jacques Anquetil régente le cyclisme. Antonin Magne réclame une enquête. Raphaël Geminiani tient une conférence de presse. Mal à l'aise, Jean Leulliot, qui s'est souvent porté à la hauteur de Jacques dès son attaque, assure que « c'est uniquement pour communiquer les écarts et empêcher Geminiani de le faire avec trop d'insistance ».

On constate alors que le nombre d'officiels chargés de surveiller la course est anormalement réduit. Il n'y a qu'un directeur de course, Jean Leulliot, son adjoint, Marcel Bidot, et trois commissaires, MM. Hutsebaut, Romain et Pérard.

Pendant ce temps, Poulidoristes et Anquetilistes s'affrontent de plus belle. On est loin de la belle harmonie de l'ascension du Puy-de-Dôme.

Quarante-huit heures plus tard, nous nous retrouvons, Jacques et moi, chez Roger Rivière, à Loriol, pour participer à l'épreuve de la Ronde du Camp Hannibal qu'il organise. Je ne me rappelle pas que nous nous soyons serré la main. Je sais seulement qu'en me voyant, Jacques m'a dit : « C'est grave. » Je ne me souviens pas d'avoir répondu. Tous les journalistes de la presse cycliste sont à Loriol. Il nous faut nous expliquer. Jacques est assez laconique : « Raymond Poulidor s'est sabordé tout seul. Mes équipiers ne sont pour rien dans sa défaite. » Je suis plus disert et j'explique que «jamais je n'oublierai. La victoire de mon adversaire ne devrait pas avoir à souffrir de tels actes. » J'ajoute toutefois que j'ai constaté, en cette occasion, un accroissement de ma popularité, sans l'avoir cherché le moins du monde. Je martèle ensuite, pour que mes propos soient fidèlement reproduits, que «j'aimerais que notre rivalité reste sur le terrain où nous l'avons maintenue jusque-là. Si elle dégénère, je le regretterai, mais que pourrais-je y faire ? »

Émile Mercier, mon patron, menace de se retirer du cyclisme. Raphaël Geminiani veut porter l'affaire devant les tribunaux. On est bien loin du strict cadre du cyclisme et du sport. Il faut trouver une porte de sortie.

Jacques Goddet, homme écouté et respecté, clôt l'affaire par un éditorial intitulé : « Halte au scandale inutile ! » Il écrit en particulier : « L'affaire de Paris-Nice est née d'une grande déception. Il est humain de finir par souhaiter la victoire de l'éternel second, lorsque celui-ci tient enfin les fils d'or. Il est naturel que le champion qui a été vaincu, alors qu'il était persuadé d'être parvenu à se dégager de l'oppressante emprise adverse, ait manifesté son amertume. Il est logique que celui dont la victoire est contestée défende ses positions de respectabilité professionnelle. Mais l'affaire doit, pour ce qui concerne les intéressés, s'arrêter là. »

Et l'affaire s'arrête là. Une enquête n'aboutit pas parce que dans leur rapport les officiels ont indiqué qu'« aucune réclamation n'a été formulée durant la course ». Cependant le principe de la surveillance des courses est admis et, peu de temps après, on voit apparaître des commissaires à moto. Ils existent toujours.

1972 : première victoire de Paris-Nice

En 1972, l'atmosphère est tout autre. Antonin Magne n'est plus mon directeur sportif. Il est remplacé par Louis Caput. Depuis quelque temps déjà, Caput assiste Magne. Ce dernier aurait bien voulu rester au sein de l'équipe Mercier, mais deux raisons le découragent : d'une part le budget n'est pas extensible ; d'autre part, Magne qui depuis ses 18 ans bourlingue sur toutes les routes, a maintenant 68 ans et mérite bien de se reposer.

Avec Louis Caput, l'ambiance dans l'équipe change de fond en comble. Autant Magne est taciturne, autant Caput est jovial, expansif. Mais ils ont tous deux la même approche du cyclisme et un respect profond de l'éthique et du coureur.

Louis Caput est un pur « titi » parisien. Né à Saint-Maur, dans la proche banlieue parisienne, il a toujours vécu à Paris et utilise avec délectation le véritable argot des cyclistes. À son contact, Michel Audiard fait nombre de découvertes savoureuses qu'il réutilisera dans ses scénarios, popularisant des formules telles que « avoir la socquette légère », « pédaler avec les oreilles », « rester en croustille », « faire la lessive » et la succulente « monter avec la grosse ».

Louis Caput avait 19 ans en 1940. Une période difficile pour certains. Le ravitaillement est difficile. Il faut échapper au STO, éviter les rafles, ne faire confiance qu'à des amis sûrs. Parmi eux, Robert Chapatte. Durant la guerre, Caput obtient quelques succès et passe professionnel en 1946. Il a alors 25 ans. Il est champion de France la même année. Il participe plusieurs fois au Tour de France, y remporte des étapes et se retire en 1957 après avoir inscrit Paris-Tours à son palmarès.

Louis Caput est en outre un bon joueur de cartes, ce qui n'est pas pour me déplaire puisque les cartes ont toujours été mon péché mignon. Nos parties de cartes, selon les témoins, valent largement, par leurs expressions, celles qu'a filmées Pagnol.

L'autre changement de cette année 1972 est que Mercier n'est plus le principal sponsor de l'équipe. Celle-ci, grâce à la volonté et à l'opiniâtreté de Claude Sudres, s'appelle désormais Gan-Mercier.

À la fin des années 1960, Claude Sudres est en effet responsable des opérations extérieures du GAN. Il dirige la caravane GAN du Tour de France et de l'ensemble des courses cyclistes ayant lieu en France. Il est tout de suite tombé amoureux du cyclisme, passion qu'il a d'ailleurs transmise à son fils Philippe qui après l'avoir remplacé à la tête du service de presse du Tour dirige maintenant la communication du groupe ASO.

Claude Sudres qui a le sens de l'amitié chevillé au corps a désormais pour ami Pierre Chany, Michel Audiard, René Fallet, Antoine Blondin, Georges Brassens. C'est un personnage qui respire le cyclisme. Nombreux sont ceux qui lui déconseillent de monter un dossier pour acquérir l'équipe Mercier. « C'est une équipe de vieux, lui dit-on. Tu vas au-devant de sévères désillusions. » Claude Sudres, que l'on surnommera bien vite « Tonton » n'en a que faire. Auprès de ses patrons, il sait se montrer convaincant, persuasif et, le 1er janvier 1972, naît l'équipe Gan-Mercier, dont le maillot devient bleu et blanc. Adieu le violet qui, depuis 26 ans, colore le peloton.

Paris-Nice est la première grande épreuve. C'est ma treizième participation. J'en connais le processus par cœur. Eddy Merckx, qui ne cache pas ses intentions, est le grand favori de cette édition : « Je suis venu pour gagner », dit-il. Dès le prologue, disputé dans la célèbre Côte de Dourdan dans la banlieue parisienne, il est le meilleur. Je suis deuxième, tout heureux de cette performance et convaincu que mes 36 ans ne sont pas un handicap. Sur la route, Eddy est intraitable. Il est partout. Poursuivant les échappés, disputant les sprints intermédiaires et se mêlant aux « kamikazes » que sont les routiers-sprinters aux abords de l'arrivée. À Saint-Étienne, alors qu'il dispute le sprint massif, un accrochage se produit. Au terme d'un spectaculaire soleil, il retombe violemment sur le goudron. Il se relève avec une intense douleur au dos, et est immédiatement conduit à l'hôpital où des radiographies ne décèlent aucune fracture.

Le lendemain, après une difficile montée du col de la République, à la sortie de Saint-Étienne, il remporte l'étape dont l'arrivée est jugée au sommet du Mont-d'Or qui domine Manosque. Je suis troisième de l'étape et deviens deuxième du classement général à seize secondes d'Eddy. Je ne peux que regretter d'avoir dix ans de trop.

Les étapes suivantes ne modifient pas le classement général. Eddy est sûr de lui. Après l'arrivée de l'étape matinale précédant celle du col d'Eze, il se fait photographier dans le bateau, prix du vainqueur.

Nous sommes le jeudi 16 mars. Un beau soleil de printemps darde ses rayons sur les pentes du col d'Eze, au-dessus de Villefranche-sur-Mer, que nous devons escalader contre la montre.

Mes partisans sont nombreux. Je souris lorsqu'on évoque ma future victoire. Avec Louis Caput, je me prépare. Repas léger, massage, un peu de repos et à 14 heures en guise d'échauffement je monte le col à bloc, comme si j'étais en compétition.

Je prends le départ. Je ressens tout de suite de fortes douleurs aux jambes, mais plus j'appuie sur les pédales, plus la douleur s'estompe. Peu après la mi-course, j'aperçois Luis Ocana, parti une minute avant moi. Je sens que je suis en train de réaliser un exploit. Je passe la ligne et ne m'arrête que bien après l'arrivée, là où la foule est la moins compacte. Je reprends mon souffle. J'attends maintenant Eddy. J'entends le speaker, Daniel Mangeas, donner les temps. On se précipite sur moi. C'est la ruée. « Tu as gagné. Tu as gagné », me hurle-t-on. Instruit par l'expérience du Tour 64, je demande que l'on vérifie les comptes, que l'on refasse les additions. Louis Caput, hilare, arrive et de loin me crie : « Raymond, tu as gagné. » Il se précipite dans mes bras. Claude Sudres participe lui aussi à l'effusion. Il l'a bien mérité et va pouvoir se présenter à ses patrons la tête haute. Jacques Anquetil, devenu directeur de course, se précipite : « Tu mérites mille fois ta victoire. Tu étais le meilleur de la course. » Puis il me convie à me rendre sur le podium, à une place qu'il connaît bien. Rik Van Looy, mon ancien adversaire devenu directeur sportif, se précipite lui aussi : « Je suis très content pour toi. Cette victoire fait plaisir à tout le monde. » Au milieu d'une cohue indescriptible, j'atteins le podium. Eddy me félicite : « Le vainqueur a toujours raison. » Je n'ose lui demander ce qu'il va faire des photos prises avec le bateau. On me fait chevaucher une modeste moto. Ce sera mon prix.

Ce jeudi 16 mars, j'ai amélioré de quarante-sept secondes mon record de la montée du col d'Eze en battant la marque établie précédemment par Eddy. Avant de regagner l'hôtel, je passe par la salle de presse située en retrait de la Promenade des Anglais. Beaucoup de journalistes ne sont pas allés à l'arrivée, certains du succès de Merckx. Ils doivent refaire leur papier. Ils ne m'en veulent pas : debout, ils m'applaudissent tous lors de mon entrée dans la salle de presse.

Le lendemain, je compulse la presse. La une de *France-Soir* me fait rougir de plaisir. Pendant que je gagnais la course, le président de la République d'alors, Georges Pompidou, a annoncé la tenue prochaine d'un référendum. *France-Soir* a partagé sa une en deux colonnes égales. À droite, Pompidou et, en dessous, une photo du président. À gauche, Poulidor et une photo de moi en action. Sous les photos, ce commentaire : « Le président de la République a tenu l'antenne pendant deux heures,

Raymond Poulidor l'a crevée en trois minutes. »

Je lis les réactions de divers athlètes :

Louison Bobet : « C'est un exploit de première grandeur. »

Alain Mimoun : « Raymond Poulidor, c'est le refus de vieillir. »

Bernard Gauthier, qui m'a découvert : « Pourvu que les jeunes retiennent la leçon. »

Et enfin Antonin Magne : « Des fruits tardifs, mais bien beaux. »

Je pense, quant à moi, que cette victoire est la plus belle. Le cyclisme m'a beaucoup apporté, mais jamais à ce point.

La presse belge salue ma victoire avec chaleur et en oublie la défaite d'Eddy. Les journalistes italiens réclament, eux, « un Poulidor italien ».

Quant à Louis Caput, il déclare : « Raymond Poulidor le sage, dont le rayonnement rejaillit sur le cyclisme français, justifie la confiance de ses équipiers qui sont tous ses copains. Il n'a pas fini de m'étonner. Il sera le meilleur Français du Tour de France. »

Pour ne pas le faire mentir, je termine troisième du Tour en étant le premier Français.

1973 : ma deuxième victoire

L'année suivante, en 1973, je suis toujours dans d'aussi bonnes dispositions au départ de Ponthierry, dans la lointaine banlieue parisienne. Eddy Merckx, lui, n'a qu'une seule idée en tête : gagner. Je nourris la même ambition.

Eddy remporte le prologue. Je suis quatrième à dix-huit secondes. Nous faisons étape à Saulieu, à Chalon-sur-Saône et à Saint-Étienne. Le froid est toujours aussi vif. Dans l'étape de Saint-Étienne, la neige fait son apparition. Elle ne tarde pas à recouvrir la route. Tout le monde est frigorifié et quelques-uns réclament la neutralisation de l'étape, mais la direction de course ne veut rien entendre. Dans l'ascension du col de la Croix des Fourches, tout le peloton se réfugie dans une grange à bestiaux. La discussion s'engage avec Jacques Anquetil, devenu directeur de course. Doit-on repartir ou nous engouffrer dans les voitures ? Jacques se montre persuasif. Nous repartons mais sans grand enthousiasme. Au sommet du col des Écharmeaux, nouvel arrêt. Beaucoup, pour se réchauffer, piétinent. D'autres en profitent pour changer de vêtements. On repart, plus soucieux de conserver notre équilibre sur le tapis glissant qui recouvre maintenant la route que de se livrer à une offensive. Dès l'arrivée à Saint-Étienne, sous une tempête de neige, chacun gagne son hôtel au plus vite pour se plonger avec délice dans un bain brûlant.

Le lendemain, la neige qui est tombée une grande partie de la nuit nous contraint à nous rendre à Tournon, nouveau lieu de départ, en voiture. L'étape se réduit à Tournon-Valence, 17 kilomètres. Je tente quand même une offensive au kilomètre 7, vite réprimée par les routiers-sprinters.

Jusqu'au pied du col d'Eze, le classement général ne change pas. J'aborde cette dernière étape avec vingt-deux secondes de retard sur Eddy. Ce dernier est très confiant. Son entourage tente même de vendre la voiture promise au premier. J'applique avant le départ le même emploi du temps que celui de l'année précédente. Je suis sûr de moi lorsque je me présente sur la ligne de départ. Louis Caput est très optimiste, plus que moi. J'ai appris qu'Eddy a placé tous les deux kilomètres un homme de son équipe pour lui crier les écarts avec moi. Je décide en conséquence de partir le plus vite possible. Durant toute la première partie de l'ascension, je ne m'assieds pas une seule seconde sur la selle. Jacques se place entre moi et Eddy et annonce les écarts sur les ondes de la radio interne de la course. J'ai déjà cinq secondes d'avance après 1 500 mètres de course, vingt au kilomètre 4. À l'arrivée, je bats Eddy de trente-quatre secondes. Je suis donc à nouveau vainqueur de Paris-Nice devançant mon équipier, le Hollandais Joop Zoetemelk, vainqueur au col d'Eze, et Eddy Merckx, troisième.

Une fois de plus, la presse est élogieuse à mon sujet. On parle de « l'indestructible Poulidor qui décourage même Merckx ». Quant à Louis Caput, il vante mon approche de la perfection dans la façon de conduire ma course.

J'obtiens la voiture promise au vainqueur, mais comme elle accuse 35 kilomètres au compteur, elle sera revendue comme une voiture d'occasion.

Quelques semaines plus tard, je remporte une autre épreuve à étapes en France, le Circuit du *Midi Libre* et me présente au départ du Tour de France. Malheureusement, une chute dans la descente du col du Portet d'Aspet me contraint à l'abandon.

Quant à Eddy, il n'est pas trop démoralisé par son échec dans Paris-Nice puisque, au cours de cette année 1973, il remporte cinquante-et-une victoires, dont trois épreuves de Coupe du monde (Paris-Roubaix, Liège-Bastogne-Liège et l'Amstel), et surtout un remarquable doublé Tour d'Espagne-Tour de France.

Chapitre XII

MES PARIS-ROUBAIX

Comme pour les Championnats du monde, j'ai participé à dix-huit éditions de la course Paris-Roubaix. De 1960 à 1977, je n'en ai pas manqué une seule. Et dans cette épreuve, qui pourtant ne me correspond pas du tout, mes résultats ont toujours été bons. Il est vrai que les pavés ne m'ont jamais fait peur. En regardant en arrière, je pense que je n'ai jamais gagné cette course parce que, trop souvent à mon gré, j'ai été confronté à des coureurs habitués à la piste et bien plus rapides que moi au sprint.

Paris-Roubaix est une course qui se distingue de toutes les autres. Elle est née en 1896. Deux Roubaisiens, des filateurs, venaient de faire construire le vélodrome de Roubaix. Pour inaugurer dignement leur enceinte sportive flambant neuve, ils lancent l'idée d'une course qui, partant de la capitale, aurait pour point d'arrivée le nouveau vélodrome. Les conditions de l'époque n'avaient rien à voir avec celles d'aujourd'hui. On m'a raconté, en particulier, que le journaliste chargé de l'organisation, Victor Breyer, avait effectué une reconnaissance à vélo, à l'issue de laquelle il avait chaudement recommandé de renoncer à la course. Par bonheur pour le sport cycliste, il n'a pas été écouté.

En 1960, pour mon premier Paris-Roubaix, je découvre un environnement qui me semble hostile de prime abord, mais que je ne tarde pas à apprivoiser. Aussi souvent que possible, je me place dans les premières positions pour aborder les secteurs pavés et je conserve ma place pendant toute la traversée de la sente.

En 1962, je prends le départ revêtu du maillot de champion de France. Un profond désir de bien faire m'anime. À vingt kilomètres de l'arrivée, je me trouve dans le groupe de tête composé de cinq coureurs : quatre Belges, parmi lesquels Van Looy, et moi. Que faire ? Je décide d'attaquer alors que nous pénétrons dans la banlieue de Roubaix et que nous approchons du vélodrome. Mais Van Looy me rejoint sans mal et remporte l'épreuve. Je me classe cinquième. Spécialiste de la route, je crois bien que ce n'est que la deuxième fois de ma carrière que je pose mes deux roues sur un vélodrome. Cette épreuve m'apporte un sentiment de grande fierté. Cette année-là, en effet, le parcours a été modifié. Jean Garnault, qui, au sein de l'organisation, trace les itinéraires, a déniché des secteurs encore plus difficiles que ceux des années précédentes. Je suis heureux de les parcourir sans appréhension et avec un certain succès. Mais que puis-je faire face à des coureurs qui ont eu l'avantage de naître sur les pavés ?

L'année suivante, en 1963, le scénario est le même que l'année précédente. Malgré la chute que je fais à Doullens, je provoque une sélection définitive dans la côte de Caouin. Nous sommes dix-huit. Onze Belges, un Anglais, trois Hollandais, deux Allemands et moi, le seul Français. Mon classement, la sixième place derrière quatre Belges et un Hollandais, ne me mécontente pas, loin de là : qu'aurais-je pu espérer de plus ?

Au fil des ans, Paris-Roubaix continue mais le parcours en devient de plus en plus facile. Les portions pavées se raréfient. Les habitants du Nord sont mécontents de l'image que colporte la course depuis la guerre de 1914-1918. Leur région, surnommée l'Enfer du Nord, est à ce point dévastée que l'itinéraire est modifié en raison des destructions provoquées par les combats. Nombre de villages ne présentent plus alors que des maisons éventrées, des arbres déchiquetés, des chemins obstrués d'engins militaires réduits à l'état de carcasses ou détruits par les obus. Les habitants des villages traversés sont lassés de ces zones pavées, ils veulent des routes goudronnées et les pouvoirs publics leur donnent en grande partie satisfaction. Aussi, au lendemain de l'édition de 1967, remportée par le Hollandais Janssen, tandis que je suis septième et Merckx huitième, Jacques Goddet convoque son état-major dans son bureau. Il faut trouver un nouveau parcours, visiter de nouvelles régions, prendre son bâton de pèlerin et explorer, village après village, les chemins les moins utilisés par la population locale. L'essentiel est qu'ils soient pavés.

Albert Bouvet, à qui je dois une part de mon succès dans Milan-San Remo, est chargé de ce travail. Il fait appel à un ancien coureur, Jean Stablinski. Ce dernier est un homme du Nord. Ses parents sont venus s'installer dans cette région pour travailler à la mine et lui aussi est un ancien mineur. Adolescent, il pousse les wagonnets chargés de minerai dans les profondes galeries, dans les entrailles de la terre. Habitant Valenciennes, il était affecté à la mine de Wallers-Aremberg et, pour s'y rendre, il empruntait chaque jour un effroyable chemin aux pavés disjoints, dont la construction remontait au Moyen Âge et dont le premier nom a été conservé : «la Dreffe des Boules d'Hérin». Ce long secteur de deux kilomètres devient le passage principal du parcours qu'Albert Bouvet trace dans le Valenciennois. De nouveaux villages apparaissent, comme Templeuve, Bachy ou Nomain, ainsi que de nouveaux secteurs qui évoquent d'anciennes activités ou des légendes oubliées : la ruelle de la Vache-Bleue, le chemin des Prières, la rue des Abattoirs.

Pendant ce temps, en Belgique, toute la presse et l'opinion opposent Eddy Merckx, alors champion du monde, à Rik Van Looy, redevenu populaire après quelques mois de retrait. La Belgique du cyclisme se mobilise pour lui comme la France s'était mobilisée pour Jacques et pour moi.

Avec son nouveau parcours et ses difficultés accrues, Paris-Roubaix arrive à point nommé pour départager Merckx et Van Looy, puisqu'il est entendu, à l'époque, qu'à de rares exceptions près, cette course concerne en priorité les coureurs belges. Merckx crève deux fois, mais sur le vélodrome de Roubaix, il emporte la victoire devant son ultime compagnon d'échappée, son compatriote Van Springel. À l'arrivée, Van Looy, handicapé pendant l'épreuve par trois crevaisons, annonce sa retraite prochaine. C'est trop dur pour lui. Quant à moi, une nouvelle fois, je suis le premier Français et finis à la sixième place.

Dans les douches du vélodrome, transformées comme chaque année en bureau des pleurs, les journalistes recueillent les lamentations de chacun. Pour ma part, je ne me plains de rien, si ce n'est d'une douleur aux bras. Jamais encore, depuis le début de ma carrière, je n'ai eu aussi mal aux bras à l'issue d'une épreuve. Je pense alors à ce qu'un journaliste a écrit un jour sur les coureurs cyclistes après Paris-Roubaix : « Ils ne sont que de braves pères de famille perclus de douleurs. » Je jette alors un coup d'œil à Eddy Merckx, mon voisin de cabine de douche. Il ôte justement ses gants. Je remarque que la paume est rembourrée avec de la mousse pour mieux amortir la trépidation des pavés. Eddy pense à tout, même aux plus petits détails.

Deux ans plus tard, en 1970, c'est lui qui est à nouveau le grand favori de l'épreuve. Le parcours est toujours celui que nous avons inauguré en 1968. Mais les averses qui, depuis une semaine, s'abattent sur la région le rendent plus difficile encore. Sous une pluie diluvienne, nous abordons le secteur de Wallers-Aremberg. Naturellement Eddy en profite pour accélérer et provoquer une sélection. De loin, je le vois disparaître, droit comme un « I » sur son vélo, alors que j'ai du mal à maintenir une trajectoire à peu près rectiligne. À la suite d'une malencontreuse crevaison, Eddy retombe dans le deuxième groupe dont je fais partie. Il reste un petit peu avec nous puis, vision hallucinante, nous quitte sans avoir l'air de fournir un effort particulier. Le voici seul sur la route du succès. Une chute l'arrête, mais à peine est-il par terre qu'il est déjà relevé. Il franchit la ligne d'arrivée avec cinq minutes d'avance sur son compatriote Roger de Vlaeminck. Toujours premier Français, je termine à la treizième place, mais à plus de dix minutes du vainqueur. Dans les vestiaires, je pose les questions aux journalistes : « Eddy Merckx, n'est-il pas un "monstre sacré" ? N'est-il pas le meilleur coureur de tous les temps ? » Le débat est ouvert. Dans la semaine qui suit, nombre d'observateurs font état de mes questions et abondent dans mon sens.

Je dispute mon dix-huitième et dernier Paris-Roubaix en 1977. Avec mes quarante ans et deux jours, je suis très décontracté. Je constate que le matériel a changé : certains ont adopté des fourches télescopiques, d'autres des roues en bois. Toutefois, cela ne remplace pas la force des jambes. À cinquante kilomètres de l'arrivée, je porte une violente offensive. Je provoque une sélection qui est définitive, mais personne ne veut me relayer. Mes adversaires veulent bien progresser rapidement vers l'arrivée, mais il faut que je dirige les opérations, et en particulier que je m'épuise à lutter contre le vent. Je souris en pensant que ces coureurs-ci n'ont qu'une envie : celle que je ne les accompagne pas jusqu'au vélodrome au cas où il me viendrait la fantaisie… de les battre au sprint.

Avant de quitter Roubaix, je vais une dernière fois sur la piste du vélodrome, juste pour voir. Le stade est vide. Des manutentionnaires finissent de démonter les installations d'arrivée. Le public est parti depuis longtemps. La sonorisation est muette. Il y a encore un pâle rayon de soleil. Je n'ai pas de nostalgie particulière. Dans quelques mois, ma carrière va se terminer. Je me remets le vélodrome en mémoire. Dans Paris-Roubaix, j'ai connu des moments fabuleux. Mes parents peuvent être fiers de moi. Je m'y suis toujours conduit en homme.

Chapitre XIII

DE LA RIVALITÉ À L'AMITIÉ

Notre rivalité est née en 1960, dès mes débuts professionnels. Tout nous oppose. À l'époque, Jacques est déjà médaillé olympique, détenteur du record de l'heure, vainqueur du Tour de France. Moi, je ne suis qu'un petit coureur qui tente de me faire une place dans le peloton. Jacques, lui, est un « Monsieur ». J'ai encore mes manières un peu rustres de paysan. Alors que je ris tout le temps, que je suis toujours de bonne humeur, Jacques est très timide, son sourire est forcé.

Nous ne nous parlons pas, ou très peu. On s'évite.

Mais mon admiration pour lui est sincère. À dix-sept ans, j'ai vu dans *Miroir Sprint* les photos de sa victoire dans le Grand Prix des Nations. Il avait alors dix-neuf ans et déjà cette allure féline sur sa bicyclette lui donnait une silhouette inoubliable.

Je n'ai pas participé, comme lui, au Tour de France de 1961. Je suis certain que notre amitié aurait pu naître cette année-là. Jacques en est également persuadé puisque, lorsque nos rapports ont cessé à jamais d'être tendus, il m'a dit : « Nous avons perdu dix ans d'amitié. »

Je suis alors mieux payé que lui dans les critériums, où ma présence attire la foule, et je comprends qu'il en ressente une amertume. J'aurais certainement réagi de la même manière à sa place.

Cependant, cette popularité est à double tranchant. En 1963, comme je l'ai raconté plus haut, le public m'a sifflé au Parc des Princes parce que j'ai terminé à la huitième place du Tour. Cela a d'ailleurs été la première et la dernière fois. Pour me venger, j'ai gagné les Nations en écrasant tous mes adversaires.

En 1964, au cours de ce fameux Tour de France qui va rester à jamais dans les annales, voici un échantillon des propos que rapportent les journalistes :

J. Anquetil à Luchon : « Ce Poulidor vient de réaliser un grand exploit. »

J. Anquetil au Puy de Dôme : « Ce Poulidor, il en a dans le ventre ! »

R. Poulidor au Parc des Princes : « Cette deuxième place est un honneur. »

J. Anquetil au Parc des Princes : « Ma fierté est d'avoir battu un très grand champion dans le Tour le plus dur que j'ai connu. »

Jamais, même au plus fort de notre rivalité, nous n'avons tenu l'un sur l'autre le moindre propos qui aurait pu être interprété comme injurieux. Nous nous sommes toujours respectés, comme nous avons toujours respecté notre public.

Un jour, un supporter qui habite le village de Chirac,

en Charente, et ne se déplace qu'en fauteuil roulant, vient me voir et me demande comme une faveur de rencontrer Jacques. Tous les ans, ce passionné assiste aux Championnats du Monde. Jacques l'a peut-être vu une ou deux fois. Je lui donne l'adresse d'Anquetil en Normandie. S'y étant rendu, il arrive devant la propriété au moment où celui-ci s'apprête à partir pour Paris. Il se présente :

– Je suis un admirateur inconditionnel de Raymond Poulidor. Ma santé décline. Avant de mourir, je veux parler un peu avec vous.

– Je pars pour Paris, répond Jacques. Je reviens demain. Rentrez dans la maison. Jeanine, ma femme, va s'occuper de vous.

Jacques, comme promis, est revenu le lendemain. Mon supporter est resté deux jours chez lui et Jeanine a pris soin de lui aménager une chambre au rez-de-chaussée, pour éviter qu'il n'ait à monter les escaliers.

Notre amitié est née en 1974. À l'époque, je suis encore coureur. Jacques, lui, ne l'est plus. Un soir, il vient me voir dans ma chambre, l'air ennuyé :

– Raymond, tu m'emmerdes encore. Tu sais que ma fille va avoir deux ans. Elle veut une casquette pour faire comme les enfants du village. As-tu une casquette pour elle ?

Je donne une casquette, en demandant des nouvelles de la petite Sophie. Innocemment, j'ajoute :

– Elle doit commencer à dire quelques mots maintenant.

– Tu parles ! Elle ne sait dire que Poupou, et même pas Papa. Tu m'emmerdes même avec ma propre progéniture !

C'est ce jour-là qui a marqué le début de notre amitié. Par la suite, Jacques a même été jusqu'à me conseiller pour les courses contre la montre.

Quelques jours avant sa mort, je lui rends visite alors que je m'apprête à partir pour les Antilles. Il est terriblement affaibli. Il souffre le martyre. « Tu vois, me confie-t-il, pour moi en ce moment, c'est tous les jours le Puy de Dôme. »

Au moment de prendre congé, je l'entends me glisser avec difficulté : « Raymond, sur ce coup, tu vas encore faire deux. » Il est mort quarante-huit heures plus tard.

Il m'attend au Paradis des Cyclistes.

Chapitre XIV

ET MAINTENANT…

J'effectue ma dernière apparition en compétition le jour de Noël 1977. C'est à Wambrechies, dans le Nord de la France. Il s'agit d'un cyclo-cross à l'américaine, c'est-à-dire par équipes de deux. Mon partenaire est Alex Gérardin, le champion de France de la spécialité. Pour la première fois de ma carrière, je demande une faveur. Être accompagné de ma famille. C'est ainsi qu'après avoir réveillonné au pied du sapin à Saint-Léonard, je prends la route de l'aéroport de Limoges, où m'attend un avion affrété par l'organisateur de Wambrechies. Prennent place dans cet avion mes trois femmes : Gisèle, mon épouse, Isabelle et Corinne, mes deux filles, ainsi que nos deux chiens. Sont aussi du voyage Claude Louis, conseiller technique régional et ami précieux, ainsi qu'un autre ami, le fils du commandant Perrier, qui est à l'époque une personnalité éminente de la Fédération.

Avec Gérardin, nous terminons à la septième place de ce cyclo-cross. Au cours de l'épreuve, je brise mon vélo, ce qui a pour conséquence bien paradoxale de me valoir un vélo neuf le jour de ma retraite. Ce jour-là, je souffre d'une sciatique, moi qui ai rarement eu à me plaindre d'une quelconque douleur tout au long de ma carrière. « Ce n'est rien, dis-je aux journalistes. Demain, je vais consulter un spécialiste à Limoges. J'espère qu'il va me prescrire des séances de vélo. » Huit jours plus tard, cette sciatique n'est plus qu'un lointain souvenir.

Je passe comme d'habitude le mois de janvier à Saint-Léonard, halte entrecoupée d'un séjour à la neige. Fin janvier, contrairement à l'habitude prise depuis près de vingt ans, je ne boucle pas ma valise pour partir m'entraîner sur la Côte d'Azur. Je ressens alors la même impression que lors de l'obtention de mon certificat d'études. C'est fini. C'est vraiment fini. Plus de courses, maintenant. Je ne vais plus sentir cette odeur d'huile camphrée qui se dégage du peloton à chaque départ de course, résultat de l'ultime massage. Une autre page de ma vie se tourne. Il me faut trouver une occupation.

La maison Mercier me demande de devenir directeur sportif. Je refuse. D'une part, Louis Caput est en place et bien en place et d'autre part je ne me sens aucune aptitude pour remplir cette fonction.

Je demande, en revanche, à intégrer le réseau des relations publiques de Mercier. Ma requête est acceptée. Mais Mercier commet une erreur. L'entreprise veut commercialiser des vélos à mon nom. Or le public réclame des vélos semblables à ceux avec lesquels j'ai couru pendant toute ma carrière, c'est-à-dire des vélos Mercier... L'affaire tourne court.

Je rentre alors chez Manufrance. Mais ce nouvel employeur n'a pas très bien saisi ce que représente ma popularité. À l'époque, la firme possède quatre-vingt-quinze magasins dans toutes les plus grandes villes de France. Mais lorsque je me présente dans les magasins pour faire la promotion des vélos, il n'y en a même pas une dizaine à vendre, alors qu'une centaine de clients se masse devant la porte. Je rachète mon contrat et me dirige vers France Loire.

Là, pendant six mois, Jacques Anquetil et moi vendons nos vélos dans les grandes surfaces. En parler me fait encore mal au cœur. Autant je suis jovial, accueillant, affable avec la clientèle, autant Jacques, timide à l'excès, n'osant se livrer, se sent mal à l'aise avec le public. Jacques – et c'est ce qui lui a le plus manqué – n'a jamais eu le contact facile avec le public. Il lui a préféré l'astronomie, la solitude, le calme de ses différentes propriétés normandes et même, pendant un temps, l'élevage des bêtes à cornes. À l'inverse, moi qui suis un homme de la terre comme lui, j'ai toujours préféré le contact avec le public, la conversation avec les supporters.

Fin 1978, je signe un contrat définitif avec France Loire, contrat qui, aujourd'hui encore, se poursuit. Je vends donc depuis cette date des vélos à mon nom dans les magasins Cora et Champion et dans les centres Leclerc, à raison d'une soixantaine d'animations par an. Ainsi je continue à sillonner la France, la Belgique et le Luxembourg. Je conseille les clients, je plaisante avec eux, je leur raconte mes histoires. Les plus anciens m'écoutent avec plaisir. Les plus jeunes, les gamins, me tutoient, me disent que leurs parents et leurs grands-parents leur ont beaucoup parlé de moi. Ils m'appellent Poupou, me rappellent les événements les plus épiques de ma carrière. Je les aime comme ils m'aiment. Je leur montre comment entretenir le vélo qu'ils viennent d'acquérir, comment ne pas le brutaliser, comment s'habiller pour pédaler plus confortablement, comment respecter le code de la route. Ils m'écoutent, les yeux grands ouverts. Pour quelques instants, je suis leur professeur de cyclisme.

Mais cela ne m'empêche surtout pas de suivre l'actualité cycliste. Pendant neuf ans j'ai été le consultant de la première chaîne de télévision avec Daniel Pautrat, Jean-Michel Leulliot et Bernard Giroux puis en 1988, à la mort de Jacques, d'Antenne 2 avec Robert Chapatte. J'ai ensuite suivi le Tour pour différentes firmes dont Pâtigel, Les Grands Moulins de Paris, Poulain, La Maison du Café et maintenant le Crédit Lyonnais. Cette association avec le Crédit lyonnais me comble d'aise. Leur couleur est le jaune. Enfin, je suis vêtu de jaune sur le Tour de France !

Je participe également à la direction de course du Tour Méditerranéen, organisé par mon ami Lucien Aimar, et du Tour du Limousin. Je ne peux être à plein temps dans l'organisation car mon emploi du temps ne me le permet pas, mais je suis présent lors de l'épreuve, je donne un coup de main en tenant le micro de la radio interne de la course et en faisant part de mon point de vue lorsqu'il faut prendre des décisions importantes. J'ai initié la « Raymond Poulidor », une épreuve de cyclotourisme qui réunit chaque année un millier de participants à Saint-Léonard.

Deux fois par an, avec tous les anciens, nous nous réunissons à Regnié-Durette, à l'initiative de Paulo

Cinquin, et à Aubagne, chez les frères Bertrand. On se retrouve tous ensemble. Les Merckx, Janssen, Thévenet, bref tous ceux qui furent mes adversaires. Je retrouve là mes anciens coéquipiers Robert Cazala, le Béarnais si doux, si gentil, qui, à lui seul, faisait le travail de quatre ; Jean-Pierre Genet, qui a fait douze Tours de France avec moi et qui fut, de longues années durant, mon chauffeur pendant la tournée des critériums. Il n'y a pas plus serviable que lui. Je retrouve aussi Bernard Gauthier, qui m'a fait passer professionnel chez Mercier. Nous restons de longues heures à rappeler le temps passé, à évoquer un cyclisme qui enthousiasmait le public quand il était encore le sport numéro un en Europe.

Isabelle, ma fille aînée, après un BTS, travaille au service de pharmacie du CHU de Limoges. Très souvent, elle quitte sa maison pour venir nous voir avec sa fille Coralie, âgée maintenant de douze ans.

Corinne, mon autre fille, est mariée avec un ancien coureur, Adri Van Der Poel, ex-champion du monde de cyclo-cross et ex-vainqueur d'étape sur le Tour. Elle habite en Belgique, non loin d'Anvers. Ses enfants, David et Matthieu, malgré leur jeune âge, sont complètement trilingues et passent sans hésiter du néerlandais, à l'anglais ou au français. Tous les ans, à Noël, nous passons huit jours chez eux. J'en profite pour aller assister à des cyclo-cross.

J'ai été un enfant heureux, un mari heureux, et je suis maintenant un grand-père heureux.

Chez moi, je bricole, m'occupe de la pelouse, des fleurs, de la haie que j'aime bien voir impeccablement taillée. Je n'ai pas de potager car les lapins détruisent toutes mes plantations et comme je ne suis ni chasseur ni pêcheur et qu'il n'est pas question pour moi de tuer un animal, j'ai résolu le problème en transformant une partie du terrain en verger. Il y a là des pommiers, des poiriers, des cerisiers et un carré de fraises.

L'automne venu, j'aime partir de bon matin pour aller ramasser des champignons, en particulier des cèpes. Je ne rentre jamais bredouille. Je sais toujours où se trouvent les plus beaux, les plus gros, les plus parfumés. Parfois, j'emmène Lucien Aimar et François Mahé avec moi. Ce sont de remarquables dégustateurs de cèpes.

Ma maison est vaste, sans être un palace. Elle a été construite en plusieurs fois. C'est une maison à l'image des gens simples que nous sommes, Gisèle et moi. Dans le sous-sol, je me suis aménagé une petite pièce où se trouvent mon vélo, un petit établi, une penderie pour mes vêtements cyclistes, ainsi qu'une vingtaine de boyaux qui attendent leur utilisation prochaine.

J'ai été simple. Je suis resté simple.

Conclusion

JE NE ME RECONNAIS PAS DANS LE CYCLISME D'AUJOURD'HUI

Il est maintenant temps de refermer cet ouvrage. Je suis fier de moi. Fier de ma réussite sociale. Fier de ma réussite sportive. Avec Jacques Anquetil, nous avons magnifié le cyclisme. Nous avons attiré les foules en grand nombre sur le bord des routes. Nous avons fait progresser l'audience du cyclisme sur les ondes des radios qui ont consacré une quantité considérable de reportages en direct aux épreuves où nous étions. Il en a été de même pour la télévision qui, grâce aux améliorations techniques, a pu présenter des images de cyclisme de plus en plus belles.

Je suis toujours en bonne santé. Mes cheveux ont blanchi. La présence de mes enfants, de leurs conjoints, de mes petits-enfants, rompus aux techniques de l'informatique malgré leur jeune âge, me fait considérer combien les conditions de vie ont changé en un demi-siècle à peine. Dans ma jeunesse, j'allais à l'école en sabots et chaque jour je devais faire attention à ne pas les briser…

Je suis heureux. Heureux avec ma famille, mes amis, mon public. Je suis heureux d'être souvent sur les routes pour rencontrer des passionnés de cyclisme. Je ne suis surtout pas nostalgique. Mais je suis triste.

Je suis triste parce que Jacques, Eddy, Bernard Hinault, moi et les autres, nous avons laissé un cyclisme à peu près sain.

J'avais espéré, en 1998, après l'affaire Festina, que le cyclisme aurait compris les erreurs dans lesquelles il s'était fourvoyé. J'avais espéré une reprise en main. Je n'ai rien vu venir. Pire, en lisant la presse j'apprends qu'il y a dans certaines équipes des séances de bizutage à tendance scatologique. J'apprends que certains consomment de la drogue. Je me rends compte qu'il y a une demande pour obtenir ces produits, non seulement illicites mais dangereux pour la santé. Dans cette conjoncture, j'ose croire qu'il existe des coureurs sains et tente de m'expliquer ce que certains ont actuellement dans la tête. Aucune réponse ne me vient à l'esprit. Le fossé est trop grand avec ce que j'ai connu.

Maintenant, dans certaines équipes, on paye les coureurs suivant l'image qu'ils colportent. Chacun est entouré de médecins, de masseurs, d'attachés de presse, de psychologues, de sophrologues, etc. Les plus grands directeurs sportifs sont désormais des chefs d'entreprise.

L'argent fait tourner la tête à beaucoup. Jacques, Bernard Hinault, Eddy et moi-même avons toujours dit : « Obtenons d'abord des résultats, l'argent viendra après. » Les temps ont changé. Je ne suis pas nostalgique, je le répète. Je ne regrette rien de ce que j'ai fait. J'en suis même fier.

Mais je me demande si un jour le cyclisme va redevenir sérieux. S'il ne vaudrait pas mieux tout arrêter pendant cinq à six mois pour repartir sur de nouvelles bases. S'il ne faudrait pas être d'une sévérité exemplaire avec les tricheurs.

Je ne me reconnais pas dans le cyclisme actuel. Les jeunes coureurs ne viennent pas me voir. Pour eux, ma génération est celle qui ne roulait pas vite. Ils pensent que même avec quarante ans de moins, je serais incapable de les suivre. Quand j'étais coureur, j'admirais Magne, Leducq, Pélissier, Fausto Coppi avec qui j'ai participé à des épreuves. J'ai affronté Bobet, Van Looy, Anquetil, Merckx, Hinault. J'ai respecté ces coureurs comme ils me respectaient. Je connaissais tout d'eux. En revanche, je ne suis pas certain que mon palmarès soit connu des coureurs actuels. Je ne suis pas nostalgique, je constate seulement.

Je suis triste, mais je vois aussi avec joie que le public est toujours présent. J'ai bouclé à ce jour plus de quarante et une fois le Tour de France. Tous les ans, je vois un public de plus en plus nombreux sur les routes du Tour. Un public enthousiaste, qui vient en famille regarder le spectacle fugitif du Tour. En haut des cols, le nombre de vélos est de plus en plus important. Ce qui signifie que l'on grimpe les cols comme les coureurs pour les voir passer. C'est cet engouement du public, cet enthousiasme sans cesse renouvelé, qui va aider le cyclisme à se redresser, à condition que des acteurs du peloton et leur entourage acceptent de quitter la tricherie pour le respect de l'éthique.

Et pour le salut du cyclisme !

ANNEXES

Les documents qui figurent en annexe
ont été recensés par Jean-Paul Brouchon.

ILS ONT DIT… ILS ONT ÉCRIT…

«Pourquoi Poupou ?» ou la légende d'un surnom

Le surnom de Poupou est né de l'imagination fertile d'un journaliste, Émile Besson. Au début de l'année 1962, quatre amis devisent gaiement dans un bar en attendant le départ d'une épreuve cycliste. Il y a là, appuyés au zinc, l'écrivain René Fallet, celui qui a inventé la course où il est interdit de s'échapper, le journaliste du journal *L'Équipe*, Pierre Chany, et deux journalistes de *L'Humanité*, Abel Michea et Émile Besson.

Chany et Michea sont des anquetilistes convaincus. Pour l'un comme pour l'autre, il n'y a qu'un seul Raymond, Raymond Mastrotto, dit le «taureau de Nay» tant sa puissance musculaire est impressionnante.

Besson, pourtant, fait part à ses amis de son désir de populariser Raymond Poulidor. Pourquoi pas en lui attribuant le surnom de « Poupou » ? Poupou, parce qu'en patois auvergnat, bien des prénoms se terminent par la consonance « ou ».

À l'énoncé de l'idée, les rires fusent.

« Poupou, ça fait "Moumou" », explique Chany.

« Jamais Pélissier n'aurait accepté de se faire appeler "Pépé" », renchérit Fallet.

Émile Besson tient à son idée et, un jour, se jette enfin à l'eau. Il intitule un papier pour *L'Écho du Centre* « Vas-y Poupou ! » Il en profite quelques jours plus tard pour inventer un nouveau nom : la « poupoularité ».

Dans le Tour 1962, Raymond Poulidor remporte l'étape de la Chartreuse. Le soir, pour *L'Humanité*, Abel Michea écrit le papier qui popularise définitivement ce surnom : « La Nounou à Poupou ». Il y décrit, avec un humour sous lequel transparaît une affection sincère, l'étroitesse des liens qui unissent le coureur à son directeur sportif Antonin Magne. Quelques jours plus tard, dans l'un de ses éditoriaux, Jacques Goddet lui-même reprend le surnom de Poupou. Une mode est lancée !

« La Nounou à Poupou »

« Mercredi, nous étions tout près de nous passer le stylo au travers du corps. De renoncer au cyclisme, à ses pompes et à ses manœuvres. Le gouffre du désespoir semblait être le long de la route d'Izoard… Et au départ de Briançon, en ce jeudi, la caravane des suiveurs ressemblait au peloton de la consternation. Chacun se jurait de profiter au soir de tous les charmes d'Aix-les-Bains et de ne consacrer que quelques lignes à ce Tour de France qui, subitement, sombrait dans la monotonie comme un quelconque Tour des années passées.

Le soir venu, le soleil brille encore au-dessus de la Dent du Chat. Le Lac du Bourget, si irritable, est d'un calme désespérant. Là-bas, niché sur la rive sauvage, Hautecombe veille ses souvenirs. Nous, nous revivons ceux tout frais de la journée. Et nous avons envie de dire et redire "Ô temps, suspends ton vol". Nous voudrions tant, dans ce Tour, ne pas savoir de quoi demain sera fait. Et jouir pleinement de cette magnifique journée.

Car la journée fut magnifique. Par le cadre dans lequel elle se déroule, bien sûr. Mais aussi, mais surtout par la façon dont la course se développa. On avait tant dit, tant écrit, tant répété, méchamment, que depuis le départ de Van Looy nous traînions derrière nous un peloton d'impuissants, qu'on avait fini par y croire. Et puis par la grâce de la Chartreuse, de cette Chartreuse dont on ne compte plus les miracles inscrits dans l'histoire de la vélocipédie, la course, subitement, a ressuscité.

Mais par la grâce aussi de ce Raymond Poulidor dont on attendait avec un impatient espoir qu'il soit enfin sevré… Et voilà que, par-dessus les massifs lumineux de la Chartreuse, notre enfant gâté du vélo, une roue en manière d'auréole, a plané sur le Tour de France. Combien nous regrettons ce doigt brisé qui le handicape tant au départ de ce Tour. Mais combien davantage nous regrettons que notre cher "Poupou" ait tant tardé à faire sa croissance. L'an dernier, sa bonne "nounou" Tonin avait redouté pour "Poupou" les mauvaises fréquentations, les promiscuités dangereuses du Tour de France par équipes nationales. Mais cette année, Tonin étant admis à être lui-même la "nounou" de son "Poupou", il berçait de belles espérances. Il voyait déjà son "Poupou", avec le Tourmalet pour hochet, tout emmailloté de jaune… Il allait lui préparer avec amour ses biberons – pardon ses bidons. Il avait sorti la plus belle des blouses blanches de "nounou", Tonin.

Ah ! Le beau trousseau que Madame Magne avait blanchi, repassé ! Et puis, pendant les longues soirées d'hiver, il avait chanté à son "Poupou" les plus belles chansons de geste du Tour de France.

Il lui avait déniché de si belles fréquentations, à son "Poupou", que tous les rêves étaient permis. Aux premiers jours de juin, "nounou" Tonin était aux anges. Et chaque matin en trayant ses bonnes vaches dans la ferme de Livry-Gargan, Tonin répétait : "Pédalage et massage sont les deux mamelles du Tour de France." Et là-bas, dans sa ferme limousine, "Poupou" recevait le message.

Elle pouvait se frotter les mains la "nounou". Elle croyait avoir tout prévu. Hélas ! Non. Tonin n'avait oublié qu'une chose : mettre des stabilisateurs au vélo du petit. Et sur la route limousine, juste avant le départ du Tour ç'avait été la chute bête, stupide, le doigt fracturé. Et le Tour bien compromis. Les Pyrénées toutefois nous avaient montré notre "Poupou" à la hauteur. Il suivait fort bien la classe des grands. Mais il était timide. Et il aurait plutôt fait pipi dans sa culotte que de lever le doigt pour demander au magister Anquetil la permission de sortir. Et le soir, devant l'assiette de soupe, "nounou" Tonin se fâchait : "Allons, une cuiller pour Anquetil, une cuiller pour Planckaert, une cuiller pour Bahamontès, vous voyez, ce n'est pas difficile, ça descend tout seul…" Mais "Poupou", l'enfant sage, s'il écoutait bien, n'obéissait pas. Par timidité.

Mercredi il y eut l'examen de passage. "Poupou", élève consciencieux, récite bien son Restefond, dessine parfaitement Vars et déclame excellemment Izoard. N'empêche qu'il n'obtint qu'un accessit. Le soir, "nounou", devant la soupe, lui tire un peu les oreilles. M. l'inspecteur Louison Bobet était là. Alors, Poupou rougit et pique du nez dans son assiette.

Mais jeudi, dans le col de Porte, "Poupou" pique aussi une rage. Devant, il y avait Campillo, Beuffeuil, Anglade. Bientôt il n'y eut plus que "Poupou". Derrière, il y avait Bahamontès, Massignan, Planckaert, Anquetil. Eh bien ! Ils restèrent derrière. Dans son beau landau blanc, "nounou" Tonin, en blouse blanche, rayonnait : son "Poupou" avait enfin envie de foncer.

Et c'est qu'il se lançait, notre "Poupou". Pardon, Raymond Poulidor. Il avait dévalé Porte avec le culot d'un vieux routier et déjà l'allure fière et à fière allure il regrimpait le Cucheron.

Un moment, on eut peur pour le petit. L'aigle Bahamontès voulut fondre sur lui. Le petit "Poupou" jeta un regard apeuré vers "nounou". Tonin sourit : "Allons, une cuiller pour Bahamontès, une pour Anglade, c'est facile, ça descend tout seul..." Alors il n'y eut plus de "Poupou", plus de "nounou". Il y avait Raymond Poulidor devenu ce grand champion qu'il laissait espérer par à-coups.

Après Cucheron, Raymond Poulidor avala le Granier. Ah ! Il n'avait plus besoin que Tonin le lui commande... il avalait tout, les montées, les descentes. Il avala même ce plat indigeste qu'on lui servit de Chambon à Aix-les-Bains. Oui, dix-sept kilomètres de plat indigeste, propre tout juste à favoriser les coalitions. Et à priver les vainqueurs de dessert auquel leur donnait légitimement droit cette belle étape.

Heureusement, Poulidor a de l'estomac. Il ingurgite cette méchante portion sans faire la grimace. Derrière lui, pourtant, Anquetil, Planckaert, Baldini et tous les autres n'y allaient pas avec le dos de la cuiller. Mais Poulidor, ce coup-ci, n'était plus notre timide "Poupou". La classe des grands ? C'est lui qui y donnait la leçon. Et Antonin Magne rayonnait, il avait pris lui-même le volant de sa voiture blanche pour escorter son champion jusque sur la ligne d'arrivée, à quelques pas de la rive fameuse où s'était évanouie Elvire. Et Tonin Lamartine murmura :

Ô Lac ! Le Tour à peine achève ma carrière.
Et le maillot doré qu'il devait recevoir,
Regarde, c'est là, seul, ce soir qu'il aurait dû l'avoir.

Hélas ! Tonin aurait mieux fait de réciter le doigt brisé. Ce doigt qui a peut-être coûté le Tour à Poulidor. »

***

Ils ont dit...

Marcel Bidot, directeur technique de l'équipe de France

« Raymond Poulidor aurait dû gagner deux ou trois fois le Tour de France. Il a toujours bénéficié auprès du public d'un énorme courant de sympathie, en raison de ses qualités physiques et morales. Il a été un très grand champion, le meilleur en France, avec Anquetil contre lequel il s'est toujours battu crânement, même s'il avait parfois l'impression de taper dans un mur. »

Louis Caput, directeur sportif de l'équipe Gan-Mercier

« Il est, avec Jacques Anquetil, la vedette la plus authentique du sport national. Il possède toutes les vertus, à savoir la simplicité, le calme souriant, l'humeur égale et même une humilité qui prend valeur d'exemple. Il n'a pas eu, hélas, la chance d'avoir à ses côtés, une équipe comparable à celle d'Anquetil. »

Robert Cazala, équipier chez Mercier

« Son plus grand exploit, ce fut sa victoire dans Milan-San Remo, pratiquement sans expérience du métier. Il a ensuite justifié l'extraordinaire popularité dont il jouissait en raison du respect qu'il a toujours porté au public. »

Jean-Pierre Genet, équipier chez Mercier, puis chez Gan-Mercier

« Sa gentillesse, son bon sens, sa modestie, son courage et sa haute conscience professionnelle m'ont donné des raisons d'être fier de le seconder. Il n'a, de plus, jamais cherché à rendre le mal qu'on lui faisait. »

Roger Pingeon

« Je lui ai toujours été reconnaissant de m'avoir spontanément offert son aide et d'avoir respecté ses engagements lors du Tour 1967. Je n'ai d'ailleurs jamais douté de sa promesse, car c'est un homme d'une probité exemplaire. »

Felice Gimondi

« J'ai la plus grande admiration pour Raymond Poulidor et n'ai pas oublié ses félicitations lorsque je l'ai battu dans le Tour 65. Il a toujours lutté avec un courage et une loyauté qui l'élèvent au niveau des vainqueurs les plus racés. »

Lucien Aimar

« Raymond Poulidor est beaucoup plus rusé qu'on ne pense. Je me suis toujours demandé comment il pouvait recevoir autant d'ovations, quelle puissance inconnue lui permettait de maintenir le public sous son charme. »

Georges Marchais, alors secrétaire général du Parti communiste français

« Un jour, dans une émission politique on m'a demandé si le PCF n'était pas le Poulidor de la politique. J'ai répondu qu'en l'occurrence, on sous-estimait Raymond Poulidor. »

***

Ils ont écrit…

Jacques Goddet pour* Cyclisme Magazine *(décembre 1977)

« La puissance romantique, le caractère élégiaque du Tour contiennent, dans le foisonnement des images, bien des hauts faits, de l'héroïsme et des désespoirs, des triomphes et des catastrophes. Mais, à la longue, il distribue sa justice, et répartit équitablement ses dons et ses coups. Il est vérité en soi, tant il permet l'expression exacte des valeurs.

Son long hymen avec Poulidor, réparti sur quinze années pour quatorze participations, est pourtant une flagrante trahison à ces principes de répartition des droits auxquels pouvait prétendre ce professionnel exemplaire, ce travailleur à la pure conscience.

Pas une seule victoire !

Je déclare qu'il s'agit d'un déni de justice, un affront fait à la logique du sport cycliste, surtout lorsque celui-ci s'exprime sous la forme de courses à étapes, c'est-à-dire lorsqu'il regroupe et réalise la somme des valeurs humaines : fond athlétique, sens tactique, rigueur morale, toutes choses dont Raymond Poulidor était fort bien pourvu – y compris, je l'affirme, ce sens tactique que d'aucuns lui contestèrent durant toute sa longue et si méritante carrière.

Voilà bien où se tient l'explication que l'on veut donner à l'incompréhensible échec de Raymond Poulidor devant le Tour de France : l'homme aura été trop naïf, il aura manqué de vice, c'est-à-dire d'une certaine malice dans ses relations avec les gens du peloton, voire d'un certain sens des conventions à établir pour s'annexer les amitiés nécessaires. À supposer que de telles allusions s'appuient sur un fond de vérité, nous n'en aurions que plus d'estime pour ce coureur intransigeant, qui n'a même jamais pensé qu'une victoire puisse reposer sur des négociations secrètes ou de petites magouilles. On ne reprochera surtout pas à un athlète professionnel son honnêteté foncière ! […]

"Poupou" n'est pas un pleurnichard. Il n'a jamais cherché d'excuses aux impossibilités qui lui ont interdit l'accès à la victoire dans le Tour. Je me trouvais juste derrière lui sur les routes ariégeoises, lorsque, sur un incroyable coup de bascule, il perdit, par maladresse cette fois (partagée avec son directeur sportif Antonin Magne), un Tour qu'il tenait à plein guidon. Je l'ai ramassé, brisé, sur la route d'Albi. Je l'ai tiré du ravin où, dans la descente du Portet d'Aspet, il acheva son Tour 74.

Je ne l'ai entendu se plaindre ni de ses plaies, ni de ses malheurs. *Inch Allah ?* Non. Le Raymond Poulidor du Tour n'a pas été un fataliste, mais un homme qui avait admis que son métier comportait autant d'aléas que de chances. Et que l'accomplissement du devoir, acte normal, ne pouvait déboucher que sur l'un et l'autre des tableaux.

Appelez ça de la sagesse. Je préfère le terme de conscience, parce qu'il supprime tout sens de passivité.

Poulidor, de par le rang même qu'il tenait, a été appelé peut-être cent fois au contrôle médical. Il ne l'a jamais manqué, il n'a jamais été déclaré positif. Poulidor a rempli toute sa longue carrière au sein de la même maison : Mercier. Il n'a jamais été mêlé au moindre scandale.

Sans avoir jamais non plus porté le maillot jaune, il aura été l'astre et l'honneur du Tour de France. »

Antoine Blondin pour* Cyclisme Magazine *(décembre 1977)

« L'Échappée définitive de Raymond Poulidor »

Salut donc à Raymond Poulidor ! Ceux qui lui ont fait escorte ne se sentent pas le cœur à le laisser partir sans le raccompagner jusqu'à la porte de ce peloton innombrable et séculaire où il aura si longtemps séjourné. On se quitte là. L'idée peut bien venir au "doyen" de rentrer demain par la fenêtre, les mains aux cocottes, sinon au cocotier, nous savons que la cause est désormais entendue : Poulidor a réussi, cette fois, l'échappée définitive : nous ne le reverrons plus que sous la douche intime d'une lampe de salon, un jeu de cartes entre les doigts, dans cette posture alanguie et féline des athlètes dont le corps se souvient. On se retrouvera là.

Mais quel déchirement subtil ! Voilà encore un peu d'après-guerre qui s'en va, des prestiges anciens qui s'effacent. Laissons de côté une carrière exemplaire à force d'accomplissement dans l'espace et le temps. Si l'on vous dit un jour que Poulidor fit le pont, n'allez pas croire qu'il chôma : il fit le pont entre deux âges de coureurs, deux époques de la course, deux visages de l'univers cycliste. Sans doute peut-on regretter qu'aucune victoire sur le Tour de France, qu'aucun titre prééminent n'ait jamais sanctionné une trajectoire si glorieuse et persévérante. Mais chacun sait qu'à la Bourse du coup de pédale, les valeurs ne sont pas forcément cotées selon les titres. Il en va du maillot jaune comme de l'habit vert. L'Académie a reconnu, en parlant de Molière : "Rien ne manque à sa gloire, il manquait à la nôtre." Qui saurait nier que cette lacune n'altère pas vraiment le palmarès de Raymond Poulidor, mais projette en revanche une sorte d'ombre sur la splendeur aurifère d'un maillot ?

Au demeurant, Raymond marque aussi pour nous – à l'image de Bartali auquel il fait souvent penser – l'apparition d'un nouveau type d'idole sportive, dont le climat et l'effervescence méditerranéens ou gaulois ne suffisent pas à se rendre compte. Il aura été parmi les premiers en date des champions "à la ville comme à la scène" et, en quelque sorte, le créateur d'un genre où la personnalité de l'homme finit par excéder celle du coureur. À ce stade, la réputation peut se contenter de pédaler d'une jambe, la légende fait le reste. Cette fortune en roue libre va jusqu'à vous dispenser de gagner et même, à la rigueur, de courir. Elle s'apparente au faste des défilés qu'on prend pour des batailles et à celui des généraux qu'on confond avec l'étendard : il suffit de se montrer et de respirer l'air de tout le monde pour drainer tous les cœurs vers soi.

Désigné avec 48 % des suffrages comme le champion le plus populaire de tous les temps, ce qui n'a pas en soi une très grande signification, le sondage ayant été effectué parmi des contemporains, mais n'en est pas moins révélateur pour la même raison, les prestiges mythiques du recul ne jouant pas ici, il se trouve que Raymond Poulidor aura été un personnage légendaire de son vivant athlétique, c'est-à-dire en pleine activité. Rares sont les hommes qui peuvent emprunter une rue à leur nom ou se découvrir devant leur propre statue au détour d'un square.

S'il fallait donner une explication à ce phénomène, il serait facile en premier lieu de souscrire à la réponse plutôt désobligeante qui a généralement été fournie. Résumons-la. C'est en cet homme de grandes capacités, mais accablé par des mésaventures sportives parfois dramatiques, qui excelle à faire dans le grand avec du petit et doit parfois se cantonner dans le petit quand l'entreprise prend de l'ampleur, c'est dans ce "sans-culot" qui ne parvient pas à prendre totalement la Bastille, que la presque unanimité d'un peuple a choisi de se reconnaître. Champion du "remettre à demain", Poulidor a la chance que les Eldorados qu'il convoite, sans cesse reculés et différés, soient à l'image de nos rêves avortés et de nos ambitions déçues, le mérite aussi d'accueillir les coups du sort avec une égalité d'humeur et une grâce qui, elles, ne connaissent aucune défaillance. Sur le mode majeur, il représente le chef de file de ces êtres sympathiques et choyés qui traversent la vie sur cycle "fatalitas" et érigent la malédiction en vertu rayonnante... Allons ! Poulidor lui-même confiera, un jour, que sa plus grande chance est peut-être d'avoir eu de la malchance. Mais il a de l'humour.

Cherchons ailleurs une clef plus essentielle de la popularité. Je me rappelle qu'il y a une dizaine d'années, le Tour de France pénétrait dans cette province limousine dont Poulidor est issu, par les chemins où il allait jadis s'entraîner à la lanterne, une fois la dure journée agricole finie. Il retrouvait ses vallons moelleux, les bouches de ses rivières, les plaques mates de ses étangs et surtout l'accent chantant au flanc des talus, qui sait rouler son nom avec délices mieux que quiconque. Admirable Poulidor ! Incompréhensible Poulidor ! Et combien on cerne ici que l'engouement sentimental qu'il provoqua fut exempt de démagogie. Tout autre, sans offusquer pour autant la modestie, eût cherché à se manifester sinon par quelque exploit, du moins par quelque geste, eût cherché à répondre à l'attente des fidèles, ne fût-ce qu'en adoptant une place privilégiée dans le peloton, ne fût-ce que par l'ébauche d'un sourire, comme on croit voir parfois le visage de l'idole bouddhique s'éclairer fugitivement. Au lieu de quoi, la casquette sur les yeux, l'air absent, imperturbablement confiné dans les entrailles de la course, il passa la journée à dérober à des dizaines de milliers d'admirateurs le bénéfice irremplaçable de la présence réelle. Et le plus fort est qu'aucun de ceux qui n'avaient pu réussir à l'apercevoir n'eurent un mouvement d'humeur, la réaction d'un dépit amoureux. Pour eux, la preuve de l'existence de Poulidor et sa majesté tenaient, comme celle de Dieu, dans le fait qu'on ne sait pas où il se trouve alors qu'il se trouve où on ne le voit pas, mais qu'il est nécessaire à l'explication du système.

Nous trouverons donc la religion poulidorienne dans le besoin qu'en éprouvent les civilisations basculantes de se choisir des héros qui ne se déboulonnent pas au souffle de la première révolution ou du premier caprice venus. Au sein d'une période convulsionnaire où, du jour au lendemain, les hommes peuvent être fusillés, incarcérés ou interdits, quoi de plus stable qu'une renommée de coureur cycliste, hors l'atteinte des tremblements de la planète ? Par paradoxe, c'est dans un peloton qui passait que la France, particulièrement versatile dans ses humeurs et ses admirations civiques, choisit de fixer son enthousiasme. Et l'on ne saurait dire qu'elle fit mal puisque, en définitive, ce furent les régimes et les modes qui passèrent, mais Poulidor qui resta. Tant il est vrai que sa classe foncière, sa conscience, son courage, ont contribué à satisfaire en notre temps le propos de Richelieu qui était de « faire en sorte que la France garde son âme épique ».

Pour sa part, Jean Giraudoux disait : « Un champion non seulement illustre son sport, mais le crée. » Cherchant dans quelle mesure Raymond Poulidor a pu façonner la physionomie du cyclisme sur route, je trouve, outre le nombre de ses victoires beaucoup plus considérable qu'on ne le croit (le mythe de l'éternel second est une balançoire), je trouve d'abord qu'il a su échapper à une conception féodale de la course qui faisait du chemin autour de lui, paralysant la compétition à grand renfort de *gregari*, de porteurs d'eau et de lieutenants-bidon. Pour le meilleur et pour le pire, il y avait du cavalier seul dans son cas. Je trouve surtout que les qualités morales et physiques qu'il a mobilisées sur tous les chemins de terre ont hissé le coureur cycliste au sommet du métier qu'il exerce, jusqu'à en déborder le cadre et les horizons. Il a atteint à l'éminente dignité de la personne nationale, voire de la raison sociale au sens noble du terme.

Ennobli par son ouvrage, mais l'ennoblissant à son tour… C'est la devise qu'en toute sérénité Raymond Poulidor pourrait graver au fronton de la maison de Saint-Léonard-de-Noblat avec laquelle la réputation universelle le confond, et où nous lui souhaitons de couler des jours radieux, que nous viendrons troubler. »

Bernard Clavel, Prix Goncourt 1969
pour* Le Miroir du cyclisme *(texte de 1970)

« Raymond Poulidor, vous êtes cet arbre qui a planté plus profond ses racines chaque fois qu'un orage l'obligeait à faire front. Et pour être, vous aussi, un homme de la terre, vous savez comme moi que la bourrasque arrache ou brise les baliveaux poussés trop vite et qui font feu de paille, alors qu'elle respecte et embellit ces gros chênes trapus et noueux, qui ne cherchent plus à épater personne. Ces vieux bougres sont là, solides et francs de bois sous leur écorce râpeuse où ceux qui s'aiment s'en vont graver leur nom pour qu'on ne les oublie pas. »

Antonin Magne, directeur sportif de l'équipe Mercier

« Raymond Poulidor a eu toutes les vertus du champion, et en particulier, celle de ne jamais pactiser avec tout coureur étranger à notre groupe. Ses résultats, il ne les a jamais obtenus avec le concours d'adversaires complaisants, car Raymond Poulidor a toujours eu l'orgueil de vouloir que ses victoires soient son œuvre.

Raymond Poulidor a bénéficié d'une prodigieuse cote d'amour auprès du public et surtout de la jeunesse. Il a mérité ce privilège à la fois par sa bonhomie souriante, sa modestie et son extrême combativité. Il a été le battant omniprésent. Il s'est forgé un nom, car le sien était prédestiné au succès, avec ses trois syllabes claquant comme un coup de feu, et qui atteignit très vite au rayonnement dès qu'il fut imprimé. »

LES PRINCIPAUX COÉQUIPIERS DE POULIDOR SUR LE TOUR DE FRANCE

	Années de présence dans l'équipe Mercier
Abadie (René)	1962
Aerenhouts (Frans)	1964, 1965
Aimar (Lucien)	1967
Bal (Cees)	1974
Bellone (Gilbert)	1966
Beuffeuil (Pierre)	1962, 1963
Beugels (Eddy)	1969
Bihouée (Édouard)	1962
Bodin (Jean-Louis)	1965, 1966
Cadiou (Jacques)	1972
Cazala (Robert)	1962, 1963, 1964, 1965, 1966
Chappe (Georges)	1965, 1969, 1970
Delberghe (Édouard)	1967
Delepine (Régis)	1972, 1973, 1976
Ferrer (Hubert)	1962
Foucher (André)	1967
Gainche (Jean)	1962, 1963, 1964, 1965

Genet (Jean-Pierre)	1964, 1965, 1966, 1967, 1968, 1969, 1970, 1972, 1973, 1974, 1975, 1976
Grelin (René)	1972, 1973
Grosskost (Charly)	1973
Guimard (Cyrille)	1970, 1972, 1973
Guimbard (Henri)	1966
Guyot (Bernard)	1968
Hellemans (Alfons)	1963
Hezard (Yves)	1975, 1976
Hoban (Barry)	1964, 1969, 1972, 1973, 1974, 1975
Janssens (Edward)	1969
Jourden (Jean)	1968
Knetemann (Geerie)	1974, 1975
Labourdette (Bernard)	1969, 1970
Le Dissez (André)	1964
Le Guilloux (Maurice)	1976
Leborgne (Simon)	1963
Lematayer (Paul)	1967, 1969
Martinez (Mariano)	1973
Melckenbeek (Frans)	1962, 1963, 1964
Milesi (Jean)	1963
Misac (Jean-Claude)	1975
Moneyron (Gérard)	1972, 1973
Mourioux (Jacky)	1972, 1973, 1974
Novak (Anatole)	1967, 1968
Peelman (Eddy)	1970
Périn (Michel)	1970, 1972, 1973, 1974, 1975, 1976
Perurena (Domingo)	1970

Pingeon (Roger)	1967, 1968
Poulot (Robert)	1964
Rabaute (Henri)	1970
Ravaleu (Yves)	1972
Raymond (Christian)	1968, 1974
Riotte (Raymond)	1967, 1968, 1969
Samyn (José)	1968
Santy (Alain)	1974
Seznec (Christian)	1976
Spruyt (Jozef)	1966
Stablinski (Jean)	1967, 1968
Swerts (Roger)	1965, 1966
Talbourdet (Georges)	1975, 1976
Van Schil (Victor)	1962, 1963, 1964, 1965, 1966
Van Den Berghen (Willy)	1962
Verhaeyen (August)	1963
Vermeulen (Paul)	1964
Vianen (Gérard)	1974, 1975, 1976
Vidament (Jean)	1969
Wolfshol (Rolf)	1965, 1966, 1970
Zoetemelk (Joop)	1975, 1976

PALMARÈS DE RAYMOND POULIDOR

Nous indiquons ici, année par année, le classement de Raymond Poulidor (en commençant par les meilleurs résultats) dans les courses auxquelles il a participé, ainsi que l'équipe pour laquelle il courait. (Source : http://www.velo-club.net/)

1959

INDÉPENDANT

1er du Circuit boussaquin.
1er du Prix de Boussac.
1er du Saint-Alpinien.
1er du Championnat du Limousin des Indépendants.
1er du Prix de Paulhac.
3e du Prix de Peyrat-le-Château.
5e du Bol d'Or des Monédières.
7e du Championnat de France sur route indépendants.
7e du Prix de Macau.

1960

MERCIER-BP-HUTCHINSON

1er de Bordeaux-Saintes.
1er de la 2e étape du Tour du Sud-Est.
1er du Prix de Bonnat.
1er du Prix d'Arcachon.
2e du Circuit des Boucles de la Seine.
2e de Nice-Mont Agel.
2e du Circuit des cols pyrénéens.
3e du Bol d'Or des Monédières.
3e du Grand Prix de Fourmies.
4e du *Midi Libre*.
4e des Boucles roquevairoises.
5e du Championnat du monde sur route.
5e du Tour du Vaucluse.
5e du Grand Prix de Nice.
7e du Championnat de France sur route.
7e de Paris-Tours.
8e du Grand Prix d'Isbergues.
10e du *Dauphiné Libéré*.
18e de Paris-Roubaix.

NB : l'abréviation « c.l.m. » est mise pour « contre la montre ».

Lauréat de la Promotion Pernod.
3e du Prestige Pernod.

1961
MERCIER-BP-HUTCHINSON

1er du Championnat de France sur route.
1er de Milan-San Remo.
1er au Mont-Faron (c.l.m).
1er du Circuit de Pontivy.
1er du Prix de Plancoët.
1er du Prix de Saint-Brieuc.
1er du Prix de Bourganeuf.
1er du Prix d'Ussel.
1er du Prix de Plévin.
1er du Prix de Mûr-de-Bretagne.
1er du Prix de Guéret.
1er du Prix de Saint-Vallier.
2e des Quatre Jours de Dunkerque.
2e de Nice-Mont Agel.
2e de Monaco-Mont Agel.
3e de Gênes-Nice.
3e du Championnat du monde sur route.
3e du *Midi Libre*.
3e des Boucles roquevairoises.
3e du Grand Prix de Cannes.
7e de Bordeaux-Paris.
9e de Paris-Bruxelles.
9e de Paris-Nice.
12e du Tour de Lombardie.
17e du Tour des Flandres.
Lauréat de la Promotion Pernod.
Lauréat du Challenge Sedis.
2e du Super Prestige Pernod.
3e du Prestige Pernod.

1962
MERCIER-BP-HUTCHINSON

1er de la 19e étape du Tour de France (3e du Grand Prix de la Montagne).
1er du Prix d'Ussel.
1er de la Ronde de Brignoles.
1er du Prix de Limoges.
1er du Prix de Miramas.
2e du Bol d'Or des Monédières.
2e de Monaco-Mont Agel.
2e de la course de côte du Mont-Faron (c.l.m.).
3e du Tour de France.
3e du *Dauphiné Libéré*.
3e de Paris-Saint-Étienne.
3e du Grand Prix de Nice.
4e du Grand Prix de Monaco.
5e de Paris-Roubaix.
6e du Tour du Sud-Est.
6e du Grand Prix du *Parisien* (c.l.m. par équipes).
7e de Paris-Nice (1er du Grand Prix de la Montagne).
8e du *Midi Libre*.
10e du Tour du Var.
13e du Critérium des As.
14e du Championnat de France sur route.
2e du Prestige Pernod.
7e du Super Prestige Pernod.

1963
MERCIER-BP-HUTCHINSON

1er de la Flèche wallonne.
1er du Week-End ardennais.
1er du Grand Prix des Nations.
1er du Grand Prix de Lugano.
1er de la 2e étape de Paris-Luxembourg.
1er de la 1re étape du Critérium national.
1er du Bol d'Or des Monédières.
1er du Prix de Saint-Claud.
1er du Prix d'Ussel.
1er du Prix de Saint-Vallier.
1er du Prix de Chiroubles.
1er du Critérium de Brasschaat (avec Melckenbeek et Van Schil).
2e du Tour du Sud-Est.
2e du Critérium national.
2e du Grand Prix de Cannes.
2e du Trophée Baracchi (avec J. Anquetil).

2e de Gênes-Nice.
2e du Grand Prix de Vayrac.
2e du Prix d'Oradour-sur-Glane.
3e de Paris-Tours.
3e de Paris-Luxembourg.
4e du Championnat de France sur route.
4e des Boucles roquevairoises.
5e du Championnat du monde sur route.
5e de Liège-Bastogne-Liège.
6e de Paris-Roubaix.
8e du Tour de France (2e du Grand Prix de la Montagne).
9e du Tour des Flandres.
13e du Tour de Lombardie.
13e du Grand Prix de l'Amitié.
15e du *Dauphiné Libéré*.
16e de Paris-Nice.
Lauréat du Challenge Sedis.
2e du Prestige Pernod.
3e du Super Prestige Pernod.

1964

MERCIER-BP-HUTCHINSON

1er du Tour d'Espagne (1er de la 15e étape, 3e du classement par points).
1er de la 7e étape de Paris-Nice.
1er du Critérium national (1er de la 2e étape B).
1er des 2e et 4e A étapes du *Dauphiné Libéré*.
1er de la 15e étape du Tour de France.
1er du Grand Prix de Cannes.
1er de la 2e étape A du Circuit du *Provençal*.
1er du Prix de Guéret.
1er du Prix de Limoges.
1er du Prix de La Trimouille.
1er de la Ronde de Seignelay.
1er du Prix de Soissons.
1er du Prix de Vailly-sur-Sauldre.
1er du Prix de Felletin.
1er du Prix d'Auch.
1er du Prix de Miramont-de-Guyenne.
2e du Tour de France (3e du classement de la montagne).
2e de Milan-San Remo.
2e du *Dauphiné Libéré*.
2e du Tour de Haute-Loire.
2e du Grand Prix d'Antibes.
3e du Championnat du monde sur route.
4e de Paris-Nice.
4e de Paris-Luxembourg.
6e du Trophée Baracchi (avec H. Anglade).
8e du Grand Prix d'Aix-en-Provence.
15e de Paris-Tours.
15e du Grand Prix de l'Amitié.
19e du Championnat de France sur route.
Lauréat du Prestige Pernod.
Lauréat du Super Prestige Pernod.
Lauréat du Challenge Sedis.

1965

MERCIER-BP-HUTCHINSON

1er de la course de côte de Montjuich (1er de l'étape c.l.m).
1er des 5e B et 14e étapes du Tour de France.
1er des 4e A et 16e étapes du Tour d'Espagne.
1er de la 2e étape du Critérium national.
1er de la 3e étape A du Circuit du *Provençal*
1er du Prix de Commentry.
1er du Prix de Bain-de-Bretagne.
1er du Prix de Callac.
1er du Prix du Cyclisme montois.
1er du Prix du Cenon.
1er du Prix du Moulin du Virey.
1er du Prix d'Oradour-sur-Glane.
2e du Tour de France.
2e du Tour d'Espagne.
2e du *Dauphiné Libéré*.
2e du Championnat de France sur route.

2e du Critérium national.
3e du Grand Prix des Nations.
4e de Paris-Nice.
4e du Trophée Baracchi
(avec G. Chappe).
4e du Critérium des As.
6e du Tour de Lombardie.
6e du Circuit du *Provençal.*
6e du Grand Prix d'Espéraza.
10e de Gênes-Nice.
2e du Prestige Pernod.
4e du Super Prestige Pernod.

1966
MERCIER-BP-HUTCHINSON

1er du Critérium national
(1er de la 2e étape B).
1er du *Dauphiné Libéré*
(1er de la 7e étape B).
1er de la course de côte
du Mont-Faron (c.l.m).
1er de la course de côte d'Arrate.
1er de la 14e étape B du Tour de
France.
1er de la 6e étape B de Paris-Nice.
1er du Prix de Quillan.
1er du Prix d'Oradour-sur-Glane.
1er du Prix de Sanary.
1er du Prix de Miniac-Morvan.
1er du Prix de Bussières.
2e de Paris-Nice.
2e du Tour du Sud-Est.
2e du Trophée Baracchi
(avec J. Anquetil).
2e du Bol d'Or des Monédières.
3e du Tour de France.
3e du Championnat du monde
sur route.
3e du Tour de Lombardie.
3e du Grand Prix d'Aix-en-Provence.
3e du Critérium des As.
3e du Grand Prix de Monaco.
5e du Grand Prix des Nations.
5e de Gênes-Nice.
7e de Milan-San Remo.
7e de la Coppa Agostini.
7e du Grand Prix de l'Amitié.
9e de Paris-Tours.
9e du Championnat de France
sur route.
23e de la Flèche wallonne.
Lauréat du Challenge Sedis.
Lauréat du Prestige Pernod.
3e du Super Prestige Pernod.

1967
MERCIER-BP-HUTCHINSON

1er de la course de côte de Montjuich
(1er de l'étape c.l.m.).
1er d'« À travers Lausanne »
1er de la 15e étape B du Tour
d'Espagne.
1er de la 22e étape B du Tour de
France
(3e du Grand Prix de la montagne).
1er du Bol d'Or des Monédières.
1er du Circuit de l'Aulne.
1er du Prix d'Ussel.
1er du Prix de La Limouzinière.
1er du Prix de Châteaubriant.
1er du Prix de Saint-Thomas-de-Conac.
1er du Circuit des Remparts.
1er du Prix de Vergt.
1er du Prix de l'Amitié.
2e du Critérium national.
3e du Tour de Lombardie.
3e de la Polymultipliée.
3e du *Midi Libre.*
3e du Trophée des Grimpeurs.
3e du Prix d'Oradour-sur-Glane.
4e du Critérium des As.
5e du Circuit des Boucles de la Seine.
5e du Trophée Baracchi
(avec R. Pingeon).
6e du Tour d'Argovie.
7e de Paris-Roubaix.
7e du Grand Prix de Lugano.
7e de la Coppa Agostini.
8e du Tour d'Espagne.
9e du Tour de France.

11e du Championnat de France sur route.
11e de Bordeaux-Paris.
14e de Paris-Nice.
4e du Prestige Pernod.
11e du Super Prestige Pernod.

1968

MERCIER-BP-HUTCHINSON

1er du Critérium national.
1er de la course de côte d'Arrate (1er de l'étape c.l.m.).
1er de la course de côte de Montjuich.
1er de l'épreuve c.l.m. de la Polymultipliée.
1er de la 3e étape du Tour de Belgique.
1er de la 3e étape B des Quatre Jours de Dunkerque.
1er du Prix de Commentry.
1er du Prix de Guéret.
1er de la Ronde de Brignoles.
1er du Prix de La Trimouille.
1er du Prix de Châteaubriant.
1er du Prix de Saint-Thomas-de-Conac.
1er du Prix de Châteauneuf-la-Forêt.
1er du Prix de Guingamp.
1er du Prix de Fourchambault.
1er du Prix de Plumeliau.
1er du Prix de Saussignac.
1er du Prix de Bethon.
1er du Prix d'Angers.
2e du Circuit de l'Aulne.
2e du Critérium des As.
3e de Liège-Bastogne-Liège.
3e des Quatre Jours de Dunkerque.
3e d'« À travers Lausanne ».
4e du Championnat de France d'Omnium.
4e du Tour de Belgique.
5e du Championnat de France sur route.
5e de Milan-San Remo.
6e de Paris-Roubaix.
7e du Championnat du monde sur route.
8e du Tour de Suisse.
8e du Grand Prix du Petit-Varois.
8e de la Polymultipliée.
9e de Paris-Luxembourg.
13e de Paris-Nice.
15e du Tour des Flandres.
16e du Tour de Lombardie.
17e du Grand Prix de Francfort.
2e du Prestige Pernod.
14e du Super Prestige Pernod.

1969

MERCIER-BP-HUTCHINSON

1er du *Dauphiné Libéré* (1er du Prologue et de la 5e étape A).
1er du Tour du Haut-Var.
1er de Nice-Seillans.
1er de la 1re étape A de Paris-Nice.
1er de la 4e étape B du Tour du pays Basque (1er du Grand Prix de la Montagne).
1er de la Ronde de Garancières-en-Beauce.
1er du Prix de Saint-Claud.
1er du Prix d'Oradour-sur-Glane.
1er du Prix de La Souterraine.
1er du Prix de Noyal-sur-Vilaine.
1er du Prix de Brette-les-Pins.
1er du Prix d'Ambert.
1er du Prix de Nexon.
1er du Prix de Biot.
1er du Prix de La Rochelle.
2e de Paris-Nice.
2e du Grand Prix des Nations.
2e du Grand Prix d'Aix-en-Provence.
3e du Tour de France.
3e du Championnat de France d'Omnium.
3e du Prix de Menton.
4e du *Midi Libre*.
4e de la course de côte de Montjuich.
5e du Tour de Lombardie.
5e du Trophée de Laigueglia.
7e du Tour du pays Basque.
7e des Cinq Jours de Dunkerque.

7e de la Polymultipliée.
8e de Gênes-Nice.
9e du Critérium national.
11e du Championnat de France sur route.
Lauréat du Challenge Sedis.
Lauréat du Prestige Pernod.
4e du Super Prestige Pernod.

1970

FAGOR-MERCIER

1er du Prix d'Ussel.
1er du Prix de Poiré-sur-Vie.
1er du Prix de Périers.
1er du Prix de Chasseneuil.
1er du Prix de Saint-Thomas-de-Conac.
2e de la Semaine catalane.
2e d'« À travers Lausanne ».
2e du Grand Prix du Petit-Varois.
2e du Prix de Saint-Tropez.
3e de Barcelone-Andorre.
4e de Paris-Nice.
4e de la Polymultipliée.
4e du Trophée d'Europe de la Montagne.
6e de Gênes-Nice.
7e du Tour de France.
8e de Liège-Bastogne-Liège.
8e du Grand Prix des Nations.
8e de la course de côte de Montjuich.
10e de la Flèche wallonne.
13e de Paris-Roubaix.
2e du Prestige Pernod.

1971

FAGOR-MERCIER

1er de la Semaine catalane (1er du Grand Prix de la Montagne).
1er de l'Étoile des Espoirs (1er de la 5e étape).
1er du Critérium national.
1er du Prix de Pleaux.
2e du Tour du pays Basque.
4e du *Dauphiné Libéré*.
5e du Grand Prix de Dortmund.
5e de la course de côte de Montjuich.
6e du Grand Prix des Nations.
9e du Tour d'Espagne.
11e du Championnat de France sur route.
11e de Paris-Roubaix.
17e de Paris-Nice.
3e du Prestige Pernod.

1972

GAN-MERCIER

1er de Paris-Nice (1er de la 7e étape B).
1er du Critérium national.
1er de la 1re étape B de la Semaine catalane.
1er du Critérium des As.
1er de la course de côte du Mont-Chauve (1er de l'épreuve en ligne).
1er du Prix de Garancières-en-Beauce.
1er du Prix de Callac.
1er du Prix de Saintes.
1er du Prix d'Oradour-sur-Glane.
1er du Prix d'Ussel.
1er du Prix d'Egletons.
1er du Prix de Pleurtuit.
1er du Prix de Limoges.
1er du Prix de Villamblard.
2e de la Semaine catalane.
2e de la Flèche wallonne.
2e de Barcelone-Andorre.
2e du Grand Prix de Diessenhofen.
3e du Tour de France.
4e du Grand Prix des Nations.
4e du *Midi Libre*.
5e de Bruxelles-Meulebeke.
7e du *Dauphiné Libéré*.
10e de Paris-Roubaix.
15e du Tour de Lombardie.
Lauréat du Challenge Sedis.
Lauréat du Prestige Pernod.
2e du Super Prestige Pernod.

1973

GAN-MERCIER

1er de Paris-Nice.
1er du *Midi Libre*.
1er du Prix de Saint-Macaire.
1er du Prix de La Souterraine.
1er du Prix de Soissons.
1er du Prix de Rieux.
1er du Prix d'Egletons.
1er du Prix de Concarneau.
1er du Prix de Bussières.
1er du Prix de Lescouert-Jugon.
1er du Prix de Trégueux.
1er du Prix de Saint-Nazaire.
2e de la Route nivernaise.
3e d'« À travers Lausanne ».
4e de Liège-Bastogne-Liège.
4e des Quatre Jours de Dunkerque.
4e du Prix de Martigues.
5e de la course de côte de Montjuich.
6e de Liège-Tongrinne.
7e du *Dauphiné Libéré*.
9e du Grand Prix des Nations.
10e de Paris-Roubaix.
12e de la Flèche wallonne.
12e de la Semaine catalane.
14e du Championnat de France sur route.
Lauréat du Challenge Sedis.
2e du Prestige Pernod.
9e du Super Prestige Pernod.

1974

GAN-MERCIER

1er de la 6e étape du *Dauphiné Libéré* (1er du Grand Prix de la Montagne).
1er de la 16e étape du Tour de France.
1er du Prologue du Tour de Romandie.
1er du Prix de Château-Chinon.
1er du Prix de Camors.
1er du Prix d'Ergue-Gaberic.
1er du Prix de Vailly-sur-Sauldre.
1er du Prix de Beaulac-Bernos.
1er du Prix d'Ambarès.
1er du Prix de Vendôme.
2e du Tour de France.
2e du Championnat du monde sur route.
2e du *Dauphiné Libéré*.
3e du Grand Prix de Fourmies.
3e du Prix d'Honfleur.
3e du Prix de Seignelay.
4e du Critérium national.
5e de Paris-Nice.
5e du Tour de Romandie.
5e du Grand Prix de Fourmies.
5e du Prix de Commentry.
6e du Critérium des As.
6e du Grand Prix de Nice.
6e du Prix d'Ussel.
8e du Grand Prix de Bussières.
9e du Circuit de l'Indre.
9e du Trophée des Grimpeurs.
9e du Prix de Soissons.
13e de Gand-Wevelgem.
15e du Prix de Concarneau.
19e de l'Amstel Gold Race.
20e de la Flèche wallonne.
2e du Prestige Pernod.
4e du Trophée Super Prestige Pernod.

1975

GAN-MERCIER

1er de la 3e étape du Tour du Limousin.
1er du Prix de Garancières-en-Beauce.
1er du Prix d'Auzances.
1er du Prix de Dunières.
1er du Prix de Mensignac.
2e du Tour du Limousin.
3e de Paris-Bourges.
3e du Prix de Maurs.
4e du *Dauphiné Libéré*.
6e de l'Omnium de Carouge.
6e du Prix de Château-Gontier.
6e du Prix de Pontoise.
7e du *Midi Libre*.
7e du Tour de l'Oise.
7e du Prix de Lannion.
7e du Prix de Maël-Pestivien.

7e du Prix de Bussières.
8e du Grand Prix de Monaco.
8e du Prix de Quiberon.
16e du Prix de Saussignac.
17e du Championnat du monde sur route.
19e du Tour de France.
19e de Paris-Nice.
9e du Prestige Pernod.

1976
GAN-MERCIER

1er du Prix de Rodez.
1er du Prix de Concarneau.
1er du Prix de Pléaux.
1er du Prix de Pontoise.
2e de Tours-Versailles (Paris-Tours).
3e du Tour de France.
4e du *Midi Libre*.
4e de Paris-Bourges.
5e du Tour de Lombardie.
7e du Grand Prix des Nations.
7e du Trophée Méditerranéen.
8e de Liège-Bastogne-Liège.
12e du Critérium national.
13e de Paris-Roubaix.
14e de Paris-Nice.
14e du *Dauphiné Libéré*.
16e du Tour de Belgique.
17e du Tour de l'Oise.
20e de l'Amstel Gold Race.
2e du Prestige Pernod.
7e du Super Prestige Pernod.

1977
MIKO-MERCIER

1er du Prix de Pogny.
1er de l'épreuve c.l.m. du Trophée des Cimes.
1er du Prix de Vailly-sur-Sauldre.
2e du Trophée des Cimes.
4e du Prix de Roanne.
5e du Prix d'Oradour-sur-Glane.
5e du Prix de Parisot.
5e du Prix de Josselin.
6e de Paris-Nice.
6e de la Ronde de Seignelay.
7e du Tour de l'Aude.
7e du Critérium des As.
9e du Tour du Tarn.
11e de la Flèche wallonne.
11e de l'Amstel Gold Race.
12e de Paris-Roubaix.
12e du *Midi Libre*.
16e du Grand Prix des Nations.
16e du *Dauphiné Libéré*.
17e de Tours-Versailles (Paris-Tours).

EN RÉSUMÉ...

- Champion de France sur route en 1961.
- Vainqueur du Tour d'Espagne en 1964.
- Vainqueur de deux classiques majeures : Milan-San Remo en 1961 et la Flèche wallonne en 1963.
- Vainqueur de Paris-Nice en 1972 et 1973.
- Vainqueur du *Dauphiné Libéré* en 1969.
- Vainqueur du *Midi Libre* en 1973.
- 2e du Tour de France en 1964, 1965 et 1974.
- 3e du Tour de France en 1962, 1966, 1969, 1972 et 1976.
- Lauréat de la Promotion Pernod en 1960 et 1961.
- Lauréat du Challenge Sédis en 1961, 1963, 1964, 1966, 1969, 1972 et 1973.
- Lauréat du Prestige Pernod en 1964, 1966, 1969 et 1972.
- Lauréat du Super Prestige Pernod en 1964.

Total des victoires : 189

Le 25 décembre 1977, Raymond Poulidor met fin à sa carrière.

Si vous désirez recevoir le programme de nos publications,
merci de contacter Louis de Mareüil, Éditions Jacob-Duvernet,
134, rue du Bac, 75007 Paris, tél. : 01 42 22 63 65.

ISBN : 2-84724-069-1

Cet ouvrage a été achevé d'imprimer
en mai 2004
sur les presses de la **N**ouvelle **I**mprimerie **L**aballery
58500 Clamecy
Dépôt légal : mai 2004
Numéro d'impression : 405045

Imprimé en France